PRISMA Chemie 2

Rheinland-Pfalz 7–10

Paul Gietz

Marc Jacobi

Wencke Lehmacher

Ingrid Wald-Schillings

Ernst Klett Verlag

Stuttgart · Leipzig

So lernst du mit PRISMA

Damit du dich schneller in deinem Buch zurechtfindest,
gibt es hier eine kurze Einführung.

Die Einstiegsseiten
führen mit spannenden Fragen
und interessanten Bildern in ein
neues Thema ein.

Der Prisma-Code
führt zu Materialien im Internet.

Arbeitsblätter
erkennst du am schwarz-weiß Druck.

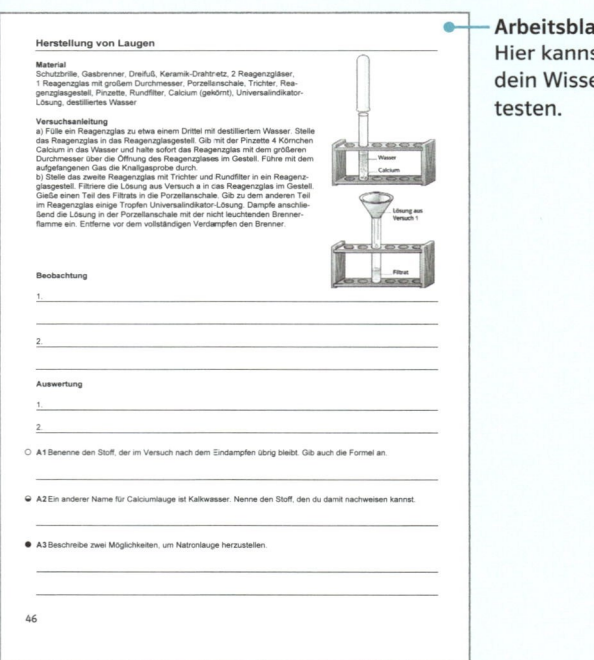

Arbeitsblatt
Hier kannst du
dein Wissen
testen.

Basiskonzept-Seiten, Abschluss-Seiten und Extra-Seiten
erkennst du an der Farbhinterlegung.

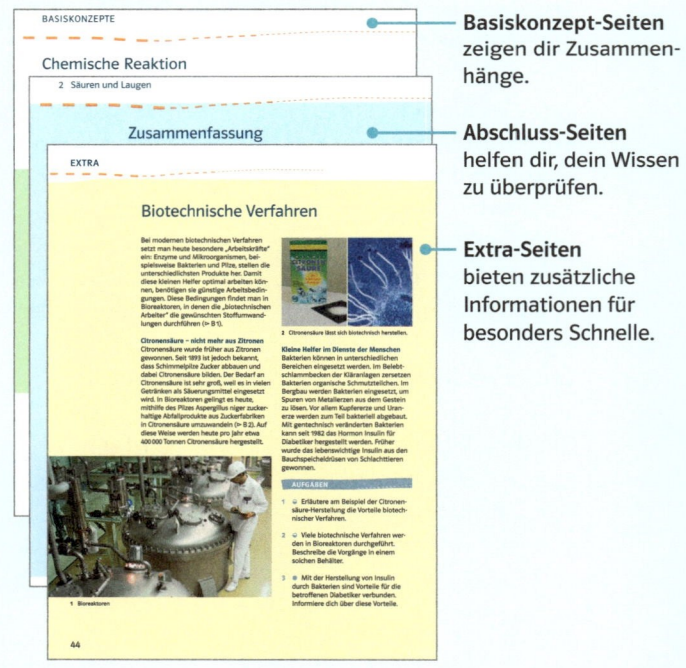

Basiskonzept-Seiten
zeigen dir Zusammen-
hänge.

Abschluss-Seiten
helfen dir, dein Wissen
zu überprüfen.

Extra-Seiten
bieten zusätzliche
Informationen für
besonders Schnelle.

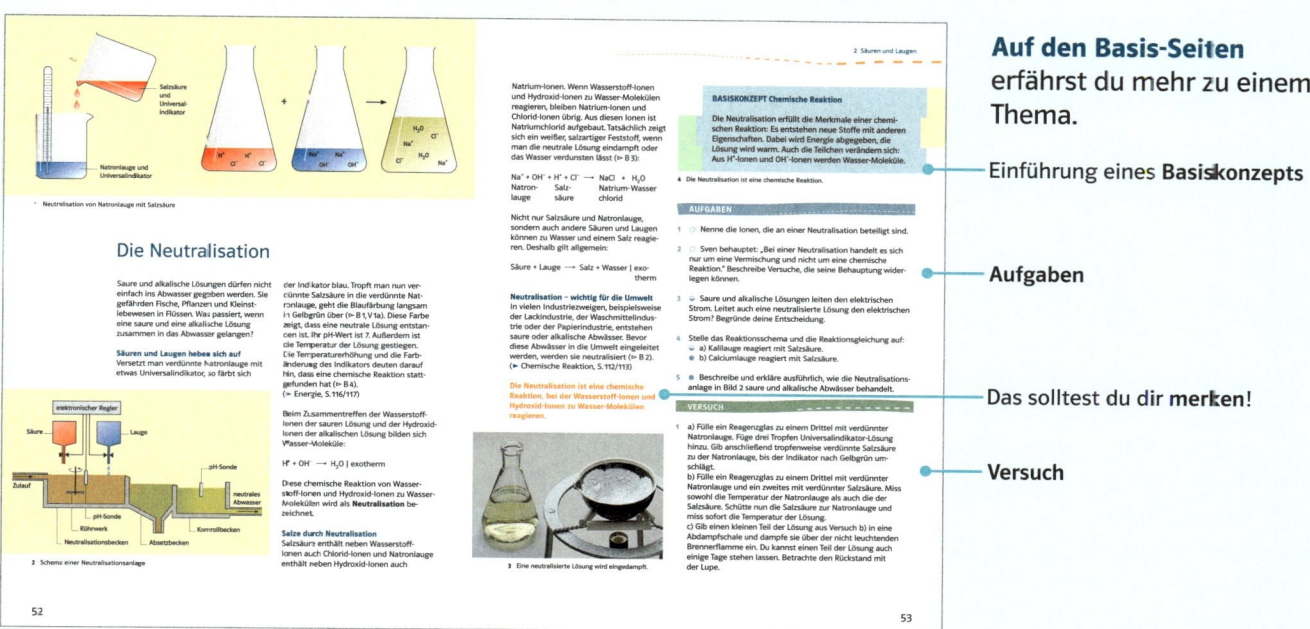

Auf den Basis-Seiten erfährst du mehr zu einem Thema.

— Einführung eines **Basiskonzepts**

— **Aufgaben**

— Das solltest du dir **merken!**

— **Versuch**

Symbole im Buch

1 Schülerversuch: Auch die Schülerversuche darfst du nur auf Anweisung der Lehrkraft durchführen. Die allgemeinen Hinweise zur Vermeidung von Unfällen beim Experimentieren müssen bekannt sein.

1ᴸ Lehrerversuch

! Gefahrenhinweis: Hier müssen besondere Vorsichtsmaßnahmen getroffen werden.

👍 Super!

❓ Wenn du noch Fragen hast, dann schau auf dieser Seite nach.

▷ B 2 Bildverweis

► Verweis auf ein Basiskonzept oder eine andere Seite

Aufgaben:

○ einfach
◐ mittel
● schwer

Zusatzangebote im Internet:

Auf den Einstiegsseiten im Buch findest du Prisma-Codes.

🌐 ec5v7x

Diese Codes führen dich zu weiteren Informationen, Materialien oder Übungen im Internet. Gib den Code einfach in das Suchfeld auf **www.klett.de** ein.

| | Einführung eines Basiskonzepts |

Inhalt

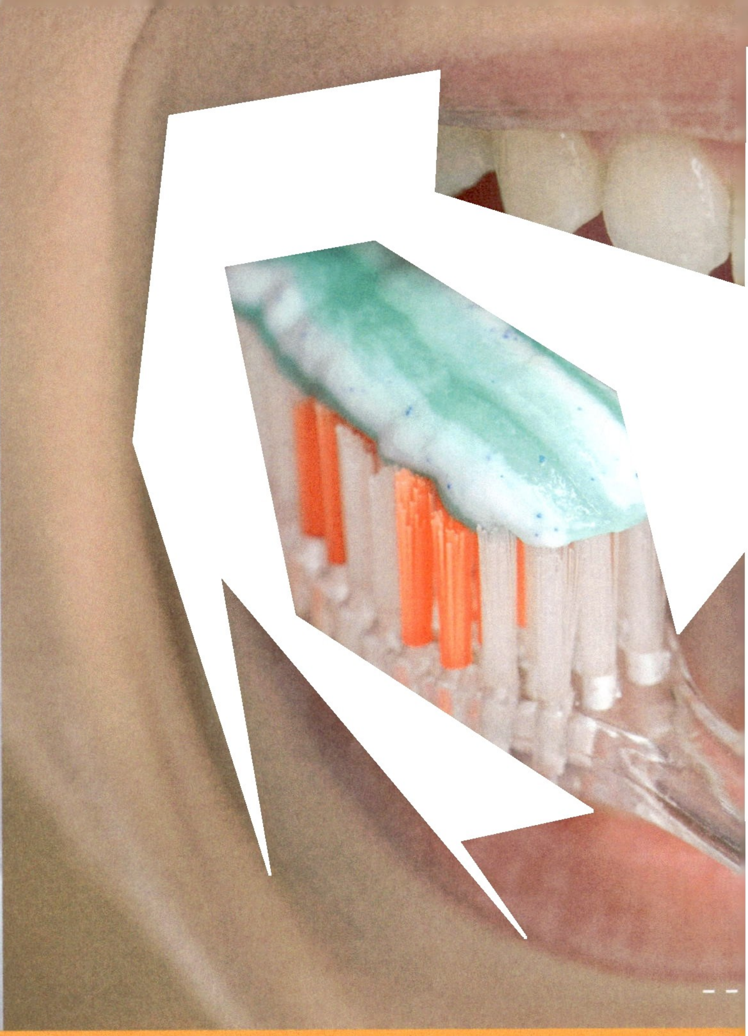

1 Rundum sauber

- Wir verwenden Wasser täglich in großen Mengen. Wann und wozu nutzt du Wasser?

- Welche Eigenschaften hat Wasser?

- Wasser alleine reicht für die Körperpflege nicht aus. Welche Hygieneartikel nutzt du?

- Alkohol ist ein wichtiger Stoff, der in vielen Produkten enthalten ist. Kennst du solche Produkte?

- Beim Reinigen verwenden wir oft Reinigungsmittel. Nenne Reinigungsmittel. Wofür werden sie verwendet?

1 Wir nutzen Wasser zum Waschen.

2 Watesmo-Papier

Die Eigenschaften des Wassers

Wasser ist nicht gleich Wasser

Aus unseren Wasserhähnen fließt klares, sauberes **Trinkwasser**. Wir nutzen es zum Kochen, Waschen und Trinken. Den größten Teil des Wassers auf der Erde bildet aber das salzhaltige **Meerwasser**. Meerwasser kann den Durst nicht löschen und nicht zum Waschen eingesetzt werden. Besser dafür geeignet ist **Quellwasser**. Es ist meist so sauber, dass es getrunken werden kann. Es enthält gelöste Mineralstoffe, die unser Körper benötigt. Das im Labor verwendete Wasser enthält dagegen keine gelösten Stoffe. Es ist ein Reinstoff. In der Natur kommt solch reines Wasser aber nicht vor, es muss hergestellt werden, z.B. durch Destillation. Dieses reine Wasser ist als Trinkwasser ungeeignet.

Stoffeigenschaften von Wasser

Reines Wasser ist geruchlos, geschmack-los und farblos. Seine Siedetemperatur beträgt 100 °C. Bei 0 °C erstarrt es zu Eis. Viele Stoffe lösen sich in Wasser. Es ist ein gutes **Lösungsmittel**. Eine Lösung hat andere Eigenschaften als das reine Wasser. Salzwasser gefriert bei einer niedrigeren Temperatur als reines Wasser. Dies nutzt man im Winter, um vereiste Straßen mit Streusalz aufzutauen. Zieht im Sommer ein Gewitter auf, darf man im Freibad nicht mehr ins Wasser. Das Badewasser enthält gelöste Stoffe, die es elektrisch leitfähig machen. Reines Wasser ist dagegen ein schlechter Leiter.

Zum Nachweis von Wasser wird Watesmo-Papier verwendet. Mit Wasser verfärbt es sich von weiß nach blau (▷ B 2).

In Trinkwasser, Meerwasser und Quellwasser sind gelöste Stoffe enthalten. Destilliertes Wasser ist ein Reinstoff. Es hat eine Schmelztemperatur von 0 °C und eine Siedetemperatur von 100 °C.

AUFGABEN

1 ○ Zähle einige Wasserarten auf.

2 ○ Erstelle einen Steckbrief für reines Wasser.

3 ◒ Gib an, ob Meerwasser bei 0 °C erstarrt.

4 ● a) Erkläre, warum Wasser zum Reinigen verwendet werden kann.
   ● b) Im Haushalt werden viele andere Reinigungsmittel verwendet. Begründe.

Wasser löst Stoffe

Vor Versuchsbeginn mit der Lehrkraft Sicherheitsmaßnahmen und Entsorgung durchsprechen!

Material
4 Reagenzgläser, Wasser, Kochsalz, Zucker, Eisenpulver, Salatöl

Versuchsanleitung
a) Fülle 4 Reagenzgläser (etwa zwei Finger breit) mit Wasser.
b) Gib jeweils etwas Kochsalz, Zucker, Eisenpulver und Salatöl in das Wasser und schüttle das Reagenzglas ein wenig.

Stoff	in Wasser löslich?
Kochsalz	
Zucker	
Eisenpulver	
Salatöl	

Beobachtung
Löst sich der untersuchte Stoff auf: ja oder nein?
Trage deine Ergebnisse in die Tabelle rechts ein.

Auswertung

○ **A1** Beschreibe, woran man erkennt, dass ein Stoff sich in einem Lösungsmittel gelöst hat.

◐ **A2** In der Tabelle rechts ist die Löslichkeit einiger Stoffe in Wasser bei 20 °C angegeben. Überlege dir, welche der folgenden Aussagen richtig sind. Kreuze die richtigen Aussagen an.

Stoff	Löslichkeit in g/100 g Wasser
Zucker	204
Kochsalz	36
Kaliumnitrat	32
Soda	22
Gips	0,2
Kohlenstoffdioxid	0,1725
Stickstoff	0,0019

☐ Zucker ist am schlechtesten in Wasser löslich.

☐ In 100 g Wasser kann man höchstens 32 g Kaliumnitrat lösen.

☐ Auch die Gase Kohlenstoffdioxid und Stickstoff sind in Wasser löslich.

☐ Gips ist in Wasser besser löslich als Soda.

☐ Stickstoff ist in Wasser überhaupt nicht löslich.

☐ Stickstoff ist in Wasser schlechter löslich als Kohlenstoffdioxid.

● **A3** Peter versteht die Aussagen in der Tabelle nicht. Er glaubt, dass man mehr als 36 g Kochsalz in Wasser lösen kann. Beschreibe, was er beobachten wird, wenn er es ausprobiert.

Die Löslichkeit

Wasser – ein Lösungsmittel
Viele feste, flüssige oder gasförmige Stoffe sind in Wasser löslich. Beim Auflösen verteilen sich die Teilchen der Stoffe zwischen den Wasserteilchen, sodass eine **Lösung** entsteht. Eine Flüssigkeit, in der sich ein Stoff löst, heißt **Lösungsmittel**.

Die Löslichkeit ist messbar
In einem Lösungsmittel lösen sich Stoffe unterschiedlich gut. In 100 g Wasser lösen sich 36 g Kochsalz, aber nur 0,001 g Kalk. Die Löslichkeit gibt an, wie viel Gramm eines Stoffes sich in 100 g Lösungsmittel lösen (▷ B 3). Gibt man mehr als 36 g Kochsalz in 100 g Wasser, löst dieses sich nicht auf. Der Überschuss sinkt ab und bildet einen Bodenkörper. Die Lösung ist gesättigt.

Die Löslichkeit und die Temperatur
Die Löslichkeit vieler Stoffe ist von der Temperatur abhängig. In 100 g Wasser lösen sich bei 20 °C 12 g und bei 40 °C 25 g Alaun. Die Löslichkeit von Alaun in Wasser nimmt also mit der Temperatur zu. Bei Gasen nimmt die Löslichkeit in Wasser mit der Temperatur ab. Dies kann man z. B. beim Öffnen einer Mineralwasserflasche beobachten. Je wärmer das Mineralwasser ist, desto heftiger entweicht das gelöste Kohlenstoffdioxid.

Stoff	Löslichkeit in g pro 100 g Wasser
Zucker	200
Kochsalz	36
Alaun	12
Kalk	0,001
Sauerstoff	0,0043
Stickstoff	0,0019

3 Löslichkeit einiger Stoffe in Wasser bei 20 °C

Nicht alles ist in Wasser löslich
Zucker und Kochsalz lösen sich gut in Wasser, Öle und Fette dagegen nicht (▷ B 1). Sie sind aber gut in Reinigungsbenzin löslich.

**Flüssigkeiten, in denen sich andere Stoffe lösen, heißen Lösungsmittel.
Die Löslichkeit ist eine messbare Stoffeigenschaft. Sie gibt an, wie viel Gramm eines Stoffes sich in 100 g eines Lösungsmittels bei einer bestimmten Temperatur lösen.**

AUFGABEN

1 ○ Ordne den in Bild 3 angegebenen Stoffen die Eigenschaft „sehr gut wasserlöslich", „gut wasserlöslich" oder „schlecht wasserlöslich" zu.

2 ◖ Du sollst die Löslichkeit von Alaun messen. Plane einen Versuch.

3. ● Beim Lösen von Stoffen in Wasser beobachtet man zu Beginn oft Schlieren (▷ B 2). Erkläre dies mithilfe des Teilchenmodells.

VERSUCH

1 Gib in einem Reagenzglas zu 10 g Wasser 2 g Alaun (Kaliumaluminiumsulfat). Schüttle kräftig. Erwärme das Gemisch anschließend vorsichtig mit dem Gasbrenner, bis eine klare Lösung entsteht. Lass die Lösung abkühlen. Beobachte.

Salz in Wasser — Öl in Wasser — Asche in Wasser

1 Nicht alles ist in Wasser löslich.

2 Kalimpermanganat löst sich auf.

Oberflächen-Spannung

Vor Versuchsbeginn mit der Lehrkraft Sicherheitsmaßnahmen und Entsorgung durchsprechen!

Material
Becherglas, Petrischale, Tropfpipette, 10-Cent-Münze, Wasser, Wundbenzin

Versuchsanleitung
a) Lege eine saubere 10-Cent-Münze in die Petrischale. Tropfe mit der Tropfpipette Wasser auf die Münze. Zähle die Tropfen, bis das Wasser überläuft.
Wer von euch schafft es, die meisten Tropfen aufzuhäufen?
b) Wiederhole den Versuch mit Wundbenzin.

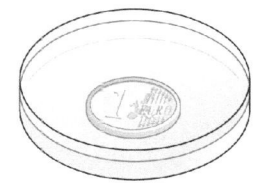

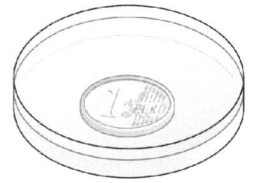

Beobachtung
Zeichne in die Skizze deine Beobachtungen ein.

Auswertung

● **A1** Formuliere eine Vermutung, warum Wasser
„Berge" bildet oder ein Wasserläufer über die
Wasseroberfläche laufen kann.

_____

_____

_____

_____

_____

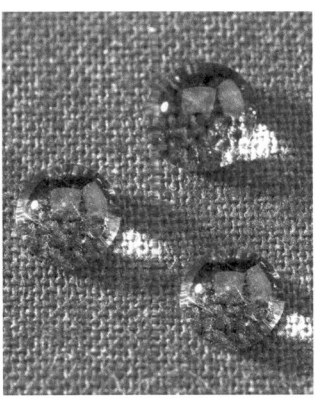

Der Wasserläufer wird von der
Wasseroberfläche getragen.

Wassertropfen auf einer Faser.

● **A2** Ein Aluminiumring hängt an einem Kraftmesser und ist bis zur Hälfte in Wasser eingetaucht (Bild 1).
In Bild 2 ist dargestellt, wie der Aluminiumring vorsichtig und langsam mit dem Kraftmesser nach oben
gezogen wird. Beschreibe, was passiert.

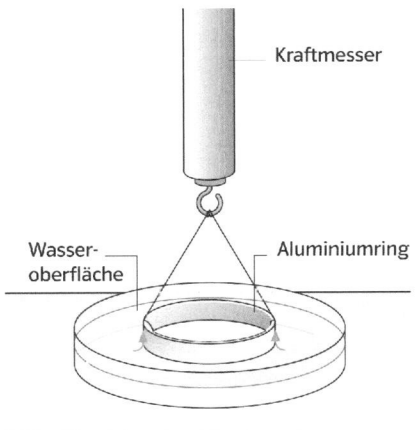

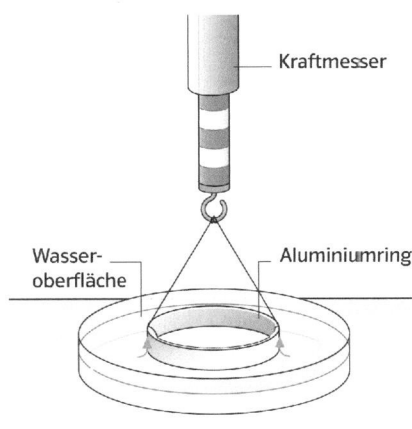

1 Ein Aluminiumring hängt an einem
Kraftmesser.

2 Aluminiumring mit dem Kraftmesser
aus dem Wasser gezogen

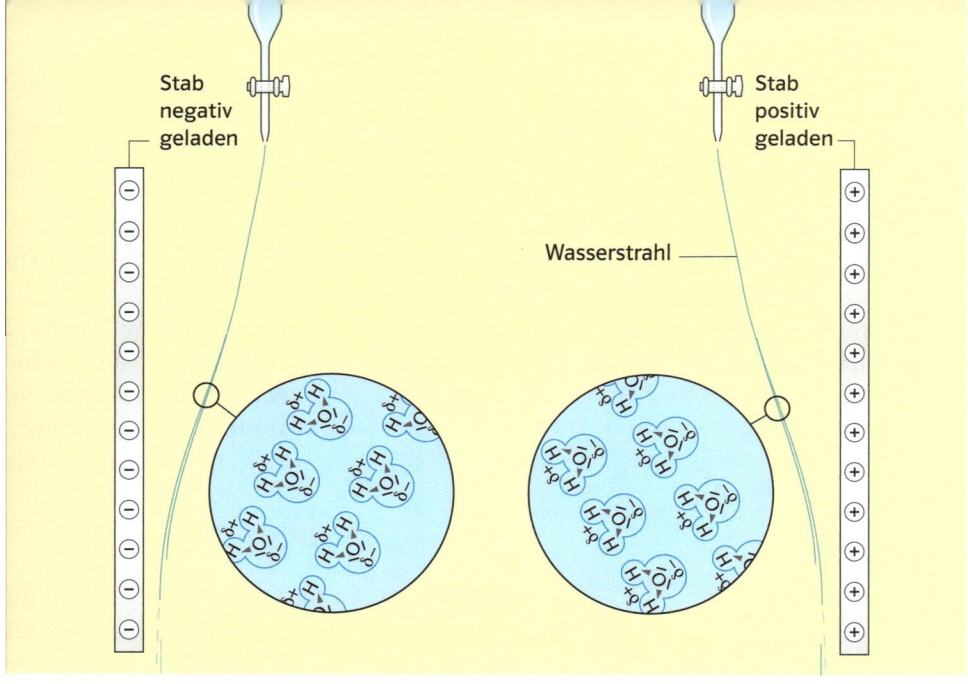

1 Ein Wasserstahl wird von einem elektrisch geladenen Stab abgelenkt.

Wasser – ein Dipol

Wasser hat besondere Eigenschaften

Wasser ist eine Flüssigkeit mit besonderen Eigenschaften:

1. Ein elektrisch geladener Stab lenkt einen dünnen Wasserstrahl ab. Der Stab kann negativ oder positiv geladen sein (▷ B 1).
2. Wasser bildet Tropfen und „Wasserberge" auf festen Oberflächen.
3. Eine Wasseroberfläche kann einige Dinge wie z. B. eine Büroklammer tragen.
4. Taucht man einen Aluminiumring waagerecht in Wasser, so muss man Kraft aufwenden, um ihn wieder herauszuziehen (▷ B 11.2).

Die Gründe für alle diese Eigenschaften liegen im besonderen Aufbau des Wasser-Moleküls.

Der Aufbau des Wasser-Moleküls

Wasser hat die Formel H_2O. Im Wasser-Molekül sind zwei Wasserstoff-Atome über eine Elektronenpaar-Bindung mit einem Sauerstoff-Atom verbunden. Man weiß jedoch, dass die drei Atome keine gerade Linie bilden, sondern in einem Winkel von 105° aneinander hängen:

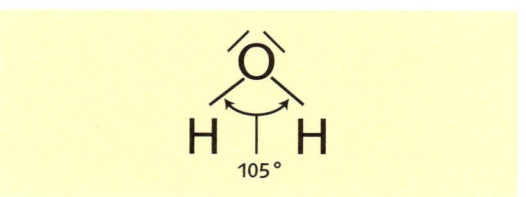

Das Sauerstoff-Atom zieht die bindenden Elektronen stärker an sich heran. Die Elektronen der Elektronenpaar-Bindung sind deshalb nicht gleichmäßig zwischen dem Sauerstoff-Atom und dem Wasserstoff-Atom verteilt, sondern in Richtung des Sauerstoff-Atoms verschoben. Man spricht von einer **polaren Elektronenpaar-Bindung**. Sie kann in der Strukturformel durch einen Keil gekennzeichnet werden:

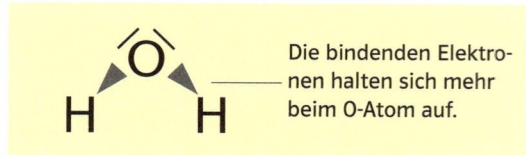

Die bindenden Elektronen halten sich mehr beim O-Atom auf.

Durch die Verschiebung der Elektronen im Molekül befindet sich am Sauerstoff-Atom eine schwach negative Ladung. Diese

Teilladung wird in der Strukturformel durch das Symbol δ– (sprich: Delta minus) gekennzeichnet. Die Wasserstoff-Atome bekommen im Gegensatz dazu eine positive Teilladung δ+ (sprich: Delta plus):

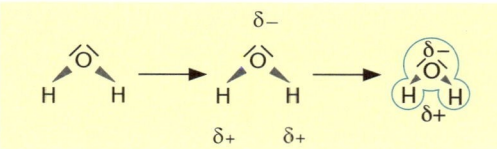

Das Wasser-Molekül ist ein Dipol

Der Aufbau des Wasser-Moleküls ist dafür verantwortlich, dass sich im gewinkelten Molekül zwei unterschiedlich geladene Pole ausbilden: ein positiver und ein negativer Pol. Das Molekül ist daher ein **Dipol.** (► Stoff und Teilchen, S.104/105)

Der Dipol der Wasser-Moleküle ist für die besonderen Eigenschaften verantwortlich:
1. Der Wasserstrahl wird zum elektrisch aufgeladenen Stab hin abgelenkt, weil die Wasser-Moleküle aufgrund ihrer Teilladung von dem Stab angezogen werden (▷ B1).
2. Der Dipol der Wasser-Moleküle bewirkt, dass sich benachbarte Wasser-Moleküle gegenseitig anziehen. Diese Anziehungskräfte nennt man **Wasserstoffbrücken.** Sie sind dafür verantwortlich, dass die Wasser-Moleküle zusammenhalten und sich zu Tropfen zusammenballen (▷ B2).
3. Die Wasserstoffbrücken sorgen außerdem dafür, dass eine Wasseroberfläche so stabil ist, dass sie beispielsweise eine Büroklammer tragen kann. Man nennt diese Eigenschaft **Oberflächen-Spannung.**

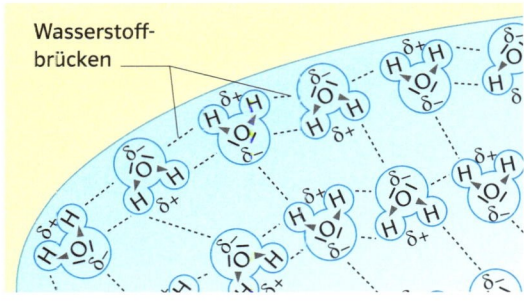

2 Wasser-Moleküle ziehen sich an.

BASISKONZEPT Stoff-Teilchen-Beziehung

Die Eigenschaften von Stoffen werden durch den Aufbau ihrer Teilchen verursacht. In Verbindungen aus Nichtmetall-Atomen liegen zwischen den Atomen Elektronenpaar-Bindungen vor. Metall-Atome verbinden sich mit Nichtmetall-Atomen durch eine Ionenbindung.

3 Stoffe unterscheiden sich in ihren Teilchen.

4. Um die Oberflächen-Spannung zu überwinden, muss Kraft aufgewendet werden. Diese Kraft kann man messen, wenn man einen eingetauchten Aluminiumring an einen Kraftmesser aus dem Wasser zieht.

Das Wasser-Molekül ist gewinkelt. Die bindenden Elektronen sind zum Sauerstoff-Atom hin verschoben. So entsteht eine polare Elektronenpaar-Bindung mit positiven und negativen Teilladungen an den Atomen. Das Wasser-Molekül ist deshalb ein Dipol.

Die Anziehungskräfte zwischen den Wasser-Molekülen heißen Wasserstoffbrücken. Sie bewirken die Oberflächen-Spannung des Wassers.

AUFGABEN

1 ○ Beschreibe den Aufbau eines Wasser-Moleküls.

2 ○ Fasse zusammen, warum ein Wasserstrahl von positiv oder negativ geladenen Stäben abgelenkt wird.

3 ◐ Erkläre den Fachbegriff „Dipol" mit eigenen Worten. Gib auch an, wie ein Dipol entsteht.

4 ◐ Erkläre, warum die Wasserstoff-Atome eine positive Teilladung tragen.

5 ◐ Erläutere mithilfe von Bild 2, wie Wasserstoffbrücken gebildet werden.

6 ● Treten Wasserstoffbrücken auch zwischen den Molekülen anderer Stoffe auf? Welche Bedingungen müssen dafür erfüllt sein? Formuliere eine Vermutung.

Wasser löst Salz

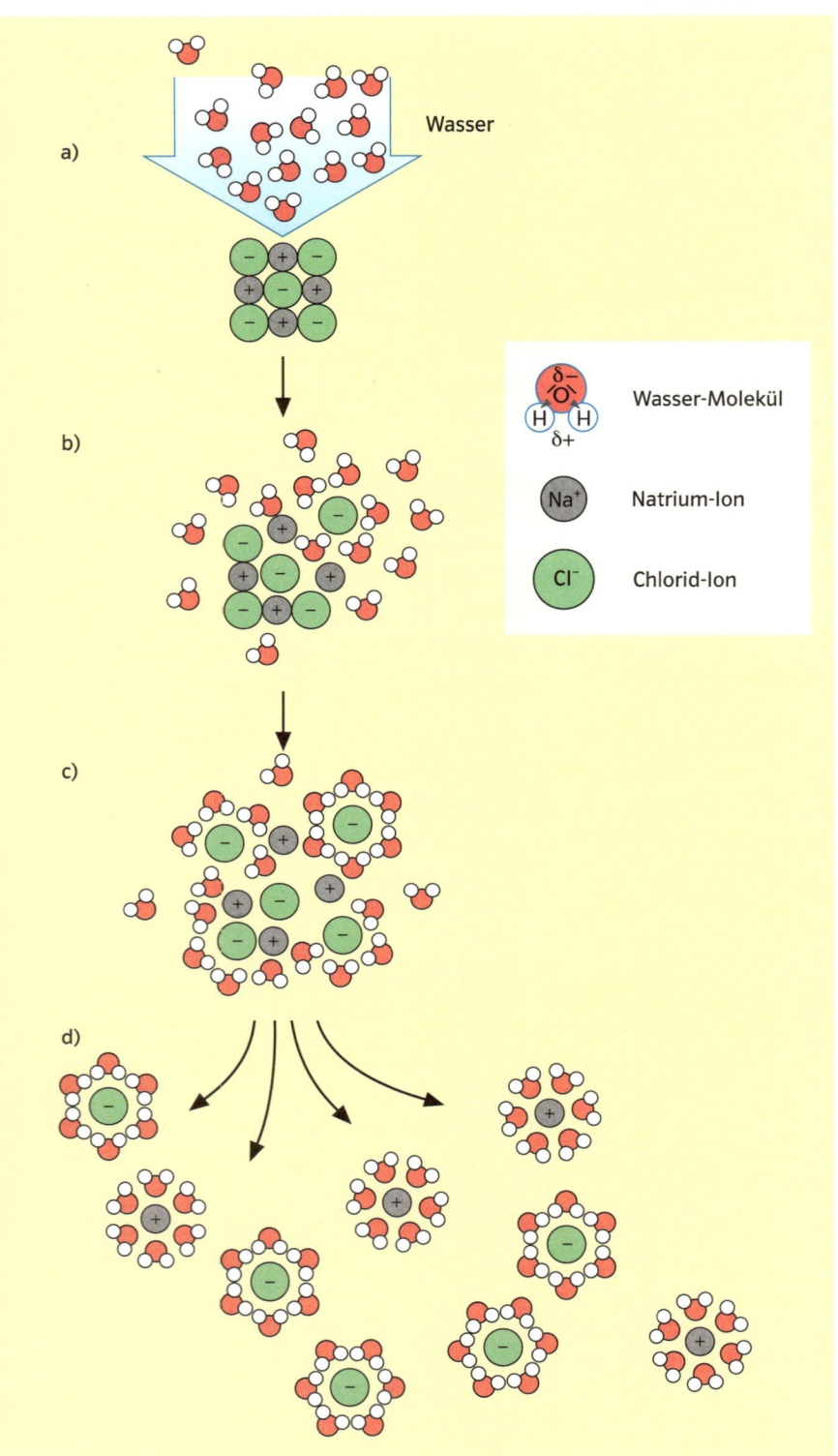

Kochsalz löst sich in Wasser sehr gut. Dabei entsteht eine Salzlösung, die den elektrischen Strom leitet. Beim Lösungsvorgang müssen also frei bewegliche Ionen entstanden sein.

Der Lösungsvorgang im Modell
Bild 1 zeigt den Lösungsvorgang:

a) Die Dipol-Moleküle des Wassers kommen mit dem Natriumchlorid-Ionenkristall in Berührung.
b) Die Wasser-Moleküle lagern sich so an die Ionen an, dass sich jeweils ungleiche Ladungen gegenüberstehen. Die Ionen werden von ihren Plätzen gelöst.
c) Der Ionenkristall wird von den Ecken ausgehend langsam zerstört.
d) Die Wasser-Moleküle umhüllen die nun frei beweglichen Ionen. Um jedes Ion bildet sich eine Wasserhülle.

Die Wasserhülle um die Ionen des Salzes verhindert, dass sich ein neues Ionengitter bilden kann.

Trifft Wasser auf Salz, so lösen die Dipol-Moleküle des Wassers die Ionen des Salzes aus ihrem Ionenkristall. Dabei entstehen frei bewegliche Ionen, die von einer Wasserhülle umgeben sind.

In der Abbildung:
- Wasser
- Wasser-Molekül
- Natrium-Ion
- Chlorid-Ion

AUFGABEN

1 ○ Skizziere Bild 1 in dein Heft. Ergänze wichtige Erklärungen in Stichworten.

2 ◒ Vergleiche die Wasserhülle um ein positiv geladenes Ion mit der Wasserhülle um ein negativ geladenes Ion.

3 ● Erläutere, warum Wasser ein gutes Lösungsmittel für Salze ist.

1 Der Lösungsvorgang von Natriumchlorid in Wasser im Modell

Diagramme lesen und erstellen

A1 Werte die Grafik rechts aus. Vergleiche dabei auch die Löslichkeit der drei Salze untereinander. Welche Aussagen über die Löslichkeit allgemein kann man machen?

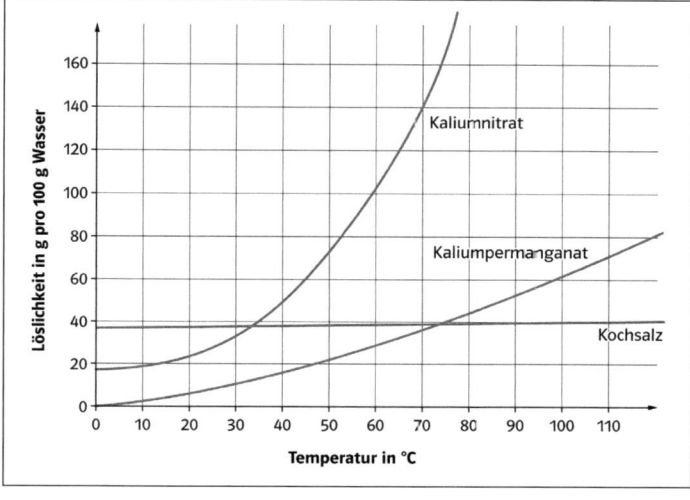

_____

_____

_____

_____

_____

_____

_____

A2 Lies im Diagramm die Werte für die Sauerstoff-Löslichkeit ab und trage sie in der Tabelle ein.

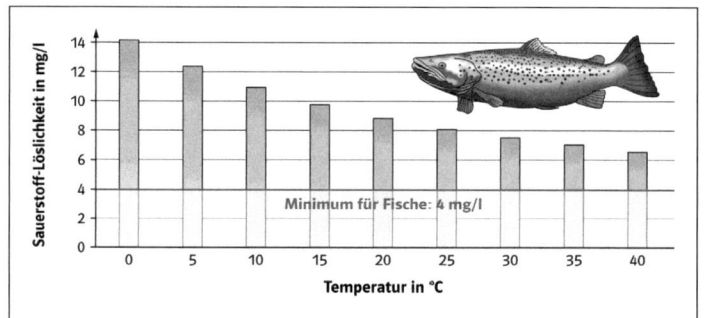

Temperatur in °C	0	5	10	30	40
Löslichkeit in g/100g Wasser					

A3 Stelle in einem Diagramm die Veränderung der Löslichkeit von Alaun in Wasser bei steigender Temperatur dar.

Temperatur in °C	Löslichkeit in g/100g Wasser
20	12,0
30	18.5
40	25,0
50	36,8
60	58,5
70	94,4
80	195,0

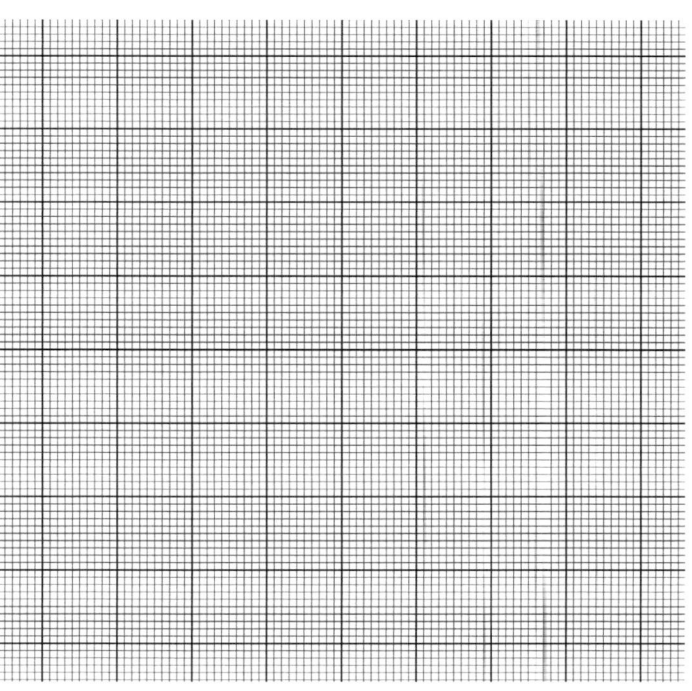

Alkane – unpolare Stoffe

Benzine, Öle, Fette lösen sich nicht in Wasser. Aber sie lösen sich untereinander. Warum ist das so? Was unterscheidet sie von den wasserlöslichen Stoffen?

Was haben Benzine und Öle gemeinsam?

Verbrennt man Benzine oder Öle, so entstehen immer Kohlenstoffdioxid und Wasser. Benzine und Öle enthalten somit Kohlenstoff-Atome und Wasserstoff-Atome. Stoffe, deren Moleküle nur aus Kohlenstoff-Atomen und Wasserstoff-Atomen aufgebaut sind, nennt man **Kohlenwasserstoffe**.

Kohlenwasserstoffe bilden Reihen

Das Methan-Molekül ist die einfachste Kohlenwasserstoff-Verbindung (▷ B 2). Es besteht aus einem Kohlenstoff-Atom und vier Wasserstoff-Atomen und hat deshalb die Summenformel CH_4.

Vergleicht man die Summen- und Strukturformeln der Kohlenwasserstoffe in Bild 2, fällt auf, dass die Moleküle sehr ähnlich aufgebaut sind. Die aufeinander folgenden Stoffe unterscheiden sich jeweils um ein Kohlenstoff-Atom und zwei Wasserstoff-Atome, eine CH_2-Gruppe. Eine solche Reihe von Verbindungen, nennt man eine **homologe Reihe**.

Die Kohlenwasserstoffe einer homologen Reihe haben ähnliche Eigenschaften und bilden eine Stoffklasse.

Die Stoffklasse der Alkane

In Bild 2 sind die ersten vier Verbindungen der homologen Reihe der **Alkane** dargestellt. Die Namen aller Alkane enden auf -an. Die ersten vier Verbindungen heißen Methan, Ethan, Propan und Butan. Ab fünf Kohlenstoff-Atomen leiten sich die Namen der Alkane von griechischen Zahlwörtern ab: Pentan, Hexan, Heptan, Octan, Nonan, Decan etc. Die Anzahl der Wasserstoff-Atome lässt sich mithilfe der allgemeinen Summenformel C_nH_{2n+2} berechnen. Für Butan ist $n = 4$ und die Summenformel $C_4H_{2\cdot4+2} = C_4H_{10}$.

Anziehungskräfte wirken

Zwischen den Kohlenstoff- und den Wasserstoff-Atomen herrschen Elektronenpaar-Bindungen. Die Moleküle der Alkane weisen nach außen keine Teilladungen auf. Sie sind unpolar. Trotzdem wirken

1 Auch Pentan, Hexan und Heptan sind Alkane.

Name	Summenformel	Molekül-Modell	Strukturformel
Methan	CH_4		H H–C–H H
Ethan	C_2H_6		H H H–C–C–H H H
Propan	C_3H_8		H H H H–C–C–C–H H H H
Butan	C_4H_{10}		H H H H H–C–C–C–C–H H H H H

2 Die ersten vier Verbindungen der homologen Reihe der Alkane zwischen den Molekülen schwache Anziehungskräfte, die **Van-der-Waals-Kräfte**.

Die Eigenschaften der Alkane

Die Alkane sind in Wasser nicht löslich, da die Alkan-Moleküle unpolar sind. Sie tragen keine Teilladungen und können nicht mit den polaren Wasser-Molekülen in Wechselwirkung treten. Unpolare Moleküle können die starken Wasserstoffbrücken zwischen den Wasser-Molekülen nicht trennen. Deshalb ist Wasser nur ein Lösungsmittel für polare Stoffe. Die unpolaren Alkane sind Lösungsmittel für unpolare Stoffe.

Methan, Ethan, Propan und Butan sind bei Raumtemperatur gasförmig. Propan und Butan lassen sich unter Druck verflüssigen. Sie werden als Feuerzeuggas verwendet. Die Alkane, deren Moleküle 5 bis 9 C-Atome enthalten, sind bei Raumtemperatur dünnflüssig. Sie sind z. B. Bestandteile von Benzin und Diesel. Von Nonan bis Hexadecan sind die Alkane ölig bis dickflüssig. Sie werden deshalb auch zum Ölen genutzt. Ab Heptadecan sind die Alkane fest. Aus ihnen werden z. B. Kerzen oder Salben hergestellt.

Die Alkan-Moleküle sind unterschiedlich lange Kohlenwasserstoff-Ketten. Je länger die Molekül-Ketten sind, desto stärker wirken zwischen ihnen die Van-der-Waals-Kräfte. Deshalb verändern sich die Eigenschaften der Alkane mit der Länge ihrer Kohlenwasserstoff-Kette. So steigen mit der Kettenlänge die Siedetemperatur, die Dichte und die Zähflüssigkeit (Viskosität) (▷ B 3). Dies gilt auch im Allgemeinen für die Schmelztemperatur.
(► Stoff und Teilchen, S. 104/105)

Die Alkane bilden aufgrund ihrer gemeinsamen Eigenschaften eine Stoffklasse. Ihre Moleküle werden mit der allgemeinen Summenformel C_nH_{2n+2} beschrieben. Eine Reihe von Verbindungen, deren Moleküle sich jeweils durch eine CH_2-Gruppe voneinander unterscheiden, wird als homologe Reihe bezeichnet.

Name	Summen-formel	Schmelz-temp. (°C)	Siede-temp. (°C)	Dichte (g/cm³)	Viskosität
Methan	CH_4	−182	−161	* 0,47	
Ethan	C_2H_6	−183	−88	* 0,57	
Propan	C_3H_8	−186	−42	* 0,59	
Butan	C_4H_{10}	−135	−1	* 0,60	
Pentan	C_5H_{12}	−129	36	0,63	nimmt zu
Hexan	C_6H_{14}	−94	68	0,66	
Heptan	C_7H_{16}	−90	98	0,68	
Octan	C_8H_{18}	−56	126	0,70	
Nonan	C_9H_{20}	−53	150	0,72	
Decan	$C_{10}H_{22}$	−30	174	0,73	
⋮	⋮				
Hexadecan	$C_{16}H_{34}$	18	287	0,77	
Heptadecan	$C_{17}H_{36}$	22	302	0,78	

* im flüssigen Zustand (nahe der Siedetemperatur)

3 Eigenschaften der Alkane im Vergleich

**Die Anziehungskräfte zwischen Molekülen werden Van-der-Waals-Kräfte genannt. Sie nehmen mit wachsender Länge der Moleküle zu.
Polare Lösungsmittel lösen polare Stoffe. Unpolare Lösungsmittel lösen unpolare Stoffe.**

AUFGABEN

1 ○ Ordne gasförmige, flüssige und feste Alkane in einer Tabelle. Gib jeweils auch die Anzahl der C-Atome an.

2 ◒ Stelle die Summenformel für die Alkane mit 11, 20 und mit 100 Kohlenstoff-Atomen auf.

3 ◒ Zeichne die Strukturformel für Pentan.

4 ● Benzin schwimmt auf Wasser. Erkläre.

5 ● Was passiert, wenn man Salz zu Pflanzenöl gibt? Stelle eine Vermutung auf und begründe sie. Plane einen Versuch zur Überprüfung deiner Vermutung.

Die Vielfalt der Alkane

Isomere

Wenn du mithilfe eines Molekülbaukastens ein Butan-Molekül C_4H_{10} aus 4 Kohlenstoff-Atomen und 10 Wasserstoff-Atomen

Name	Butan	Isobutan
Summenformel	C_4H_{10}	C_4H_{10}
Strukturformel	H H H H H–C–C–C–C–H H H H H	H H H H–C — C — C–H H H–C–H H H
Molekül-Modell		

1 Isomere des Butans

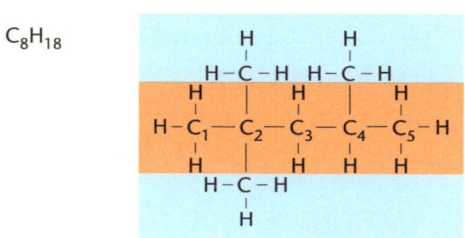

1. Finde die längste Kette von Kohlenstoff-Atomen und benenne sie nach der Anzahl der C-Atome.

2. Benenne die Seitenketten nach der Anzahl der C-Atome. Statt der Endung -an verwendest du die Endung -yl. Die Seitenketten heißen auch Alkylreste.

3. Gibt es gleiche Seitenketten? Benenne die Anzahl der gleichen Seitenketten mit der griechischen Vorsilbe di, tri oder tetra.

4. Gib die Position der Seitenketten an, indem du die längste C-Kette so durchnummerierst, dass die erste Seitenkette die kleinste Ziffer erhält.

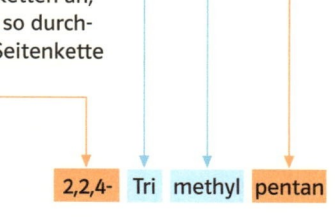

2 Schema zur Benennung von Isomeren

zusammenbaust, so gibt es zwei unterschiedliche Möglichkeiten. Du kannst ein kettenförmiges (unverzweigtes) oder ein verzweigtes Molekül bauen (▷ B 1). Das kettenförmige Butan und das verzweigte Isobutan haben zwar die gleiche Summenformel, aber unterschiedliche Strukturformeln. Man nennt solche Moleküle Isomere. Auch andere Alkane bilden Isomere.

Isomere haben unterschiedliche Eigenschaften

Vergleicht man die Siedetemperaturen von Butan und Isobutan, so stellt man erstaunlicherweise fest, dass Butan eine höhere Siedetemperatur hat als Isobutan – obwohl doch beide Moleküle aus der gleichen Anzahl an C-Atomen und H-Atomen aufgebaut sind. Die Anordnung der Atome in einem Molekül spielt eine wichtige Rolle für die Eigenschaften.

Neue Namen für die Isomere

Damit man Isomere nicht verwechselt, werden eindeutige, systematische Namen verwendet. Die Benennung der Isomere erfolgt nach bestimmten Regeln. Wie du bei der Benennung vorgehst, zeigt Bild 2.

AUFGABEN

1 ◒ Benenne Isobutan mit seinem systematischen Namen (▷ B 2).

2 ◒ Zeichne und benenne die drei Isomere des Pentans.

3 ● Bestimme den Namen des Alkans.

Eigenschaften der Alkane

O **A1** Die Alkane bilden eine homologe Reihe. Erkläre, was man darunter versteht, und gib die allgemeine Summenformel der Alkane an.

A2 Die Tabelle zeigt die Schmelz- und Siedetemperaturen einiger Alkane.

Formel	Name	Schmelz-temp. (°C)	Siede-temp. (°C)
CH_4	Methan	-182	-161
C_2H_6	Ethan	-183	-88
C_3H_8	Propan	-186	-42
C_4H_{10}	Butan	-135	-1
C_5H_{12}	Pentan	-129	36
C_6H_{14}	Hexan	-94	68
C_7H_6	Heptan	-90	98
C_8H_{18}	Octan	-56	126
C_9H_{20}	Nonan	-53	150
$C_{10}H_{22}$	Decan	-30	174

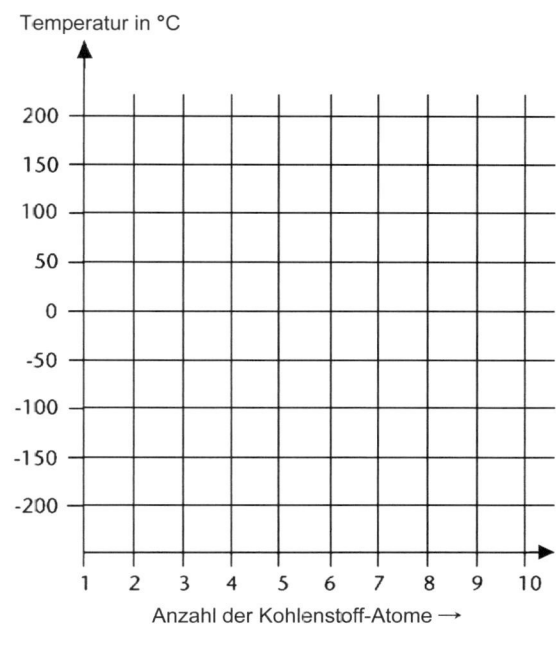

a) Übertrage die Werte in das Diagramm und verbinde sie jeweils zu einer Kurve.
b) Beschreibe und begründe den Verlauf der Kurven (mit Ausnahme der Schmelztemperatur von Propan).

O **A3** Gib an, in welchem Aggregatzustand die verschiedenen Alkane bei Raumtemperatur vorliegen.

gasförmig: _____

dünnflüssig: _____

ölig/zähflüssig: _____

fest: _____

1 Rasierwasser und Parfüm enthalten Ethanol.

2 Modell und Strukturformel des Ethanol-Moleküls

Ethanol löst viele Stoffe

Ethanol – ein Stoff aus dem Alltag

Bier und Wein enthalten Alkohol. Der chemische Name für diesen trinkbaren Alkohol ist Ethanol. In Apotheken, Drogeriemärkten und im Haushalt finden wir viele Produkte mit Ethanol. In einigen Medikamenten sind die Wirkstoffe in Ethanol gelöst. Auch in Gesichtswasser ist Ethanol enthalten. Es verdunstet schnell auf der Haut und kühlt sie. Außerdem wirkt es desinfizierend. Ethanol ist auch Bestandteil vieler Reinigungsmittel.

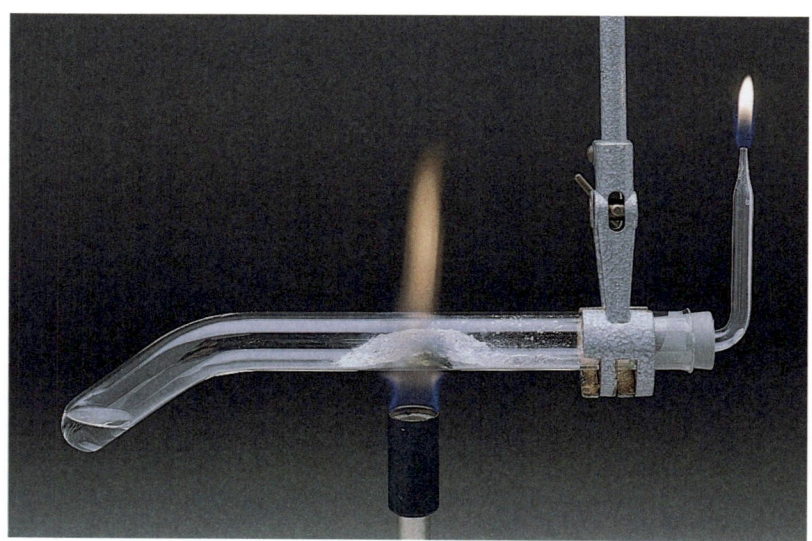

3 Ethanoldampf oxidiert Magnesium.

Brennspiritus enthält in Deutschland einen Volumenanteil von 94 % Ethanol. Wegen seiner guten Brennbarkeit wird Ethanol in Spiritusbrennern oder als Zusatz in Treibstoffen verwendet.

Ethanol – chemisch betrachtet

Das Ethanol-Molekül ist hauptsächlich aus Kohlenstoff-Atomen und Wasserstoff-Atomen aufgebaut. Es enthält aber zusätzlich ein Sauerstoff-Atom. Dies kann man mit folgendem Versuch nachweisen. Wird Ethanoldampf über erhitztes Magnesium geleitet, wird das Magnesium zu Magnesiumoxid oxidiert (▷ B 3, V 1). Da in der Apparatur kein Luft-Sauerstoff enthalten ist, müssen die Ethanol-Moleküle den Sauerstoff für die Oxidation liefern.
Die Formel von Ethanol ist C_2H_5OH. Ethanol-Moleküle enthalten eine OH-Gruppe. Diese OH-Gruppe wird **Hydroxy-Gruppe** genannt. Sie bestimmt die Eigenschaften des Ethanols. Gruppen, die die Eigenschaften von Stoffen beeinflussen, nennt man **funktionelle Gruppen**.

Löslichkeitsverhalten von Ethanol

Mischt man Ethanol mit Wasser oder mit Benzin, so stellt man fest, dass Ethanol in beiden Flüssigkeiten löslich ist (▷ V 2).

Diese Eigenschaft ist erstaunlich, da Benzin und Wasser sich nicht ineinander lösen. Verantwortlich für die Wasserlöslichkeit ist die Hydroxy-Gruppe (OH-Gruppe). Sie ist ähnlich wie ein Wasser-Molekül aufgebaut und deshalb polar. Man bezeichnet die OH-Gruppe als wasserfreundlich, **hydrophil**. Die Kohlenwasserstoff-Kette des Ethanol-Moleküls ist unpolar. Sie wirkt wasserabstoßend und wird als **hydrophob** bezeichnet. Unpolare Stoffe wie Benzine, Öle und Fette sind aufgrund der Kohlenwasserstoff-Kette in Ethanol löslich. Man nennt dies fettfreundlich oder **lipophil**. Die Hydroxy-Gruppe hingegen wirkt fettabstoßend, **lipophob**.

Da Ethanol sowohl polare wie unpolare Stoffe lösen kann, wird es oft in Reinigungsmitteln und als Lösungsmittel verwendet. Ein großer Vorteil alkoholischer Lösungen ist, dass man sie mit Wasser verdünnen kann, beispielsweise in Medikamenten.

Ethanol hat die Formel C_2H_5OH. Die funktionelle Gruppe des Ethanol-Moleküls ist die Hydroxy-Gruppe (OH-Gruppe). Funktionelle Gruppen bestimmen die Eigenschaften von Stoffen.
Stoffe, die wasserfreundlich sind bezeichnet man als hydrophil. Wirken Stoffe

BASISKONZEPT Struktur und Eigenschaften

Die Eigenschaften eines Stoffes werden durch die innere Struktur seiner Moleküle bestimmt. Das Ethanol-Molekül besteht aus einer unpolaren Kohlenwasserstoff-Kette und einer polaren Hydroxy-Gruppe. Somit weist es Eigenschaften von Alkanen und Wasser auf.

5 Die Struktur des Ethanol-Moleküls bestimmt seine Eigenschaften.

wasserabstoßend, nennt man diese hydrophob. Fettlösende Stoffe bezeichnet man als lipophil, fettabstoßende Stoffe als lipophob.
Ethanol ist hydrophil und lipophil. Es ist ein wichtiges Lösungsmittel.

AUFGABEN

1 ○ Zähle 5 Alltagsprodukte auf, in denen Ethanol enthalten ist.

2 ○ Erläutere den Begriff „funktionelle Gruppe".

3 ◒ In Thermometern ist weitgehend Quecksilber durch Ethanol ersetzt worden. Begründe.

4 ◒ In vielen Gesichtswassern ist Ethanol ein wichtiger Inhaltsstoff. Begründe.

5 ● Plane einen Versuch, mit dem man nachweisen kann, dass ein Ethanol-Molekül neben einem Sauerstoff-Atom aus Kohlenstoff- und Wasserstoff-Atomen aufgebaut ist.

6 ● Recherchiere die Bedeutung von „E10".

VERSUCHE

1ᴸ Ethanol wird in einer Apparatur wie in Bild 3 erhitzt. Die entweichenden Dämpfe werden entzündet. Dann erhitzt man die Magnesiumspäne, bis eine Reaktion an der Oberfläche erkennbar wird.

2 Prüfe die Löslichkeit von Ethanol sowohl in Wasser als auch in Wundbenzin.

3 Nähere einen geladenen Hartgummistab einem Ethanolstrahl und einem Wasserstrahl (▷ B 12.1). (Auffangwanne verwenden!)

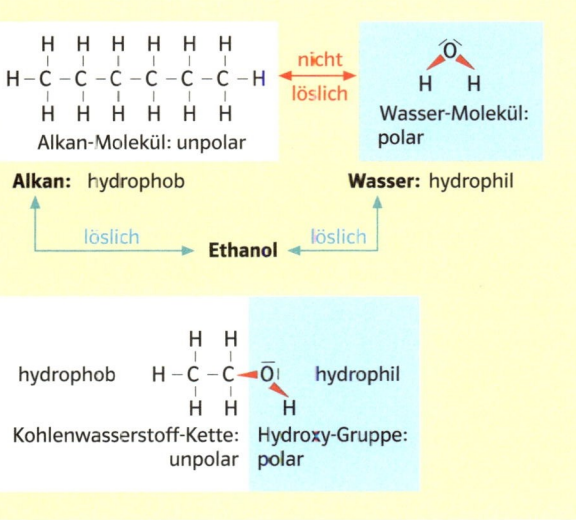

4 Löslichkeitsverhalten von Ethanol

Die alkoholische Gärung

○ **A1** Vervollständige folgenden Lückentext über die alkoholische Gärung.

Alkoholische Getränke wie Wein oder Bier entstehen durch einen biochemischen Prozess, der _____

genannt wird. Lässt man _____ Säfte über einen längeren Zeitraum stehen, so

beginnen sie zu gären. Dieser Vorgang wird durch Enzyme der _____ ausgelöst. Bei der Gärung

wird der im Saft enthaltene Traubenzucker (= _____) zu Trinkalkohol (= _____) und

_____ umgewandelt.

○ **A2** Stelle das Reaktionsschema zur alkoholischen Gärung auf.

_____

_____

_____

◐ **A3** Begründe, warum der Gärungsprozess ab einem Alkoholgehalt von ca. 15 Vol. % stoppt.

_____

_____

_____

○ **A4** Beschreibe, wie ein höherprozentiger Alkohol hergestellt wird.

_____

_____

_____

◐ **A5** Bioethanol wird in der Regel nicht aus Früchten hergestellt. Nenne Rohstoffe, aus denen Bioethanol
hergestellt wird. Beschreibe grob die Herstellung von Bioethanol in drei Schritten.

_____

_____

_____

_____

_____

Vom Zucker zum Alkohol

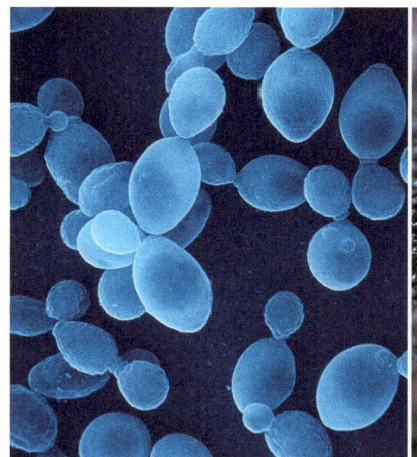

1 Hefezellen   **2** Gärung beim Winzer   **3** Gärung in einer Bioethanolanlage

Die alkoholische Gärung

Die Herstellung von alkoholischen Getränken wie Bier oder Wein ist schon seit Jahrtausenden bekannt.

Alkohol entsteht aus Traubenzucker, der in vielen Früchten enthalten ist. Aus dem Traubenzucker bilden Hefezellen Ethanol und Kohlenstoffdioxid (▷ B 1). Diesen Vorgang nennt man **alkoholische Gärung**. Bei der alkoholischen Gärung wirken Enzyme in den Hefezellen als Biokatalysatoren.

$$\text{Traubenzucker} \xrightarrow{\text{Hefe}} \text{Ethanol} + \text{Kohlenstoffdioxid}$$

Bei vielen Früchten befinden sich bereits Hefezellen auf der Schale, so dass die Gärung von selbst beginnt.

Durch Destillation zu Hochprozentigem

Die alkoholische Gärung endet, sobald eine Alkohol-Konzentration von etwa 15 % erreicht ist. Bei dieser Konzentration sterben Hefezellen ab. Eine höhere Alkoholkonzentration lässt sich durch Destillieren der alkoholischen Lösung erreichen. Das Destillieren alkoholischer Getränke nennt man auch „Brennen".

Bioethanol

Um Ethanol in großen Mengen herzustellen, werden in Bioethanol-Anlagen zucker- oder stärkehaltige Pflanzen verarbeitet (▷ B 3). Stärke, z. B. aus Getreide, wird durch Enzyme zuerst in Zucker aufgespalten. Unter größerem Aufwand kann auch Cellulose in Zucker umgewandelt werden. Sie ist in allen Pflanzen enthalten, sodass Stroh, Holzreste oder Grünschnitt verarbeitet werden können. Aus dem Zucker entsteht dann durch alkoholische Gärung Ethanol. Dieser wird Bioethanol genannt und darf nicht in Lebensmitteln verwendet werden.

Bei der alkoholischen Gärung wird Zucker von Hefezellen in Alkohol und Kohlenstoffdioxid umgewandelt.

AUFGABEN

1 ○ Nenne zuckerhaltige Pflanzen.

2 ◒ Erläutere die Herstellung von hochprozentigem Alkohol.

3 ● Diskutiert über den Einsatz von Bioethanol als Treibstoff.

Die homologe Reihe der Alkanole

Neben Ethanol gibt es weitere Alkohole, die teilweise auch bei der alkoholischen Gärung entstehen. Einige von ihnen bilden eine homologe Reihe, die **Alkanole**.

Methanol (Holzgeist)

Methanol wird beim Erhitzen von Holz unter Luftabschluss gewonnen. Man nennt Methanol daher auch Holzgeist. Methanol ist eine farblose, brennbare Flüssigkeit, die als Treibstoff beispielsweise dem Benzin zugesetzt wird. Das Methanol-Molekül ist das am einfachsten gebaute Alkanol-Molekül mit der Formel CH_3OH (▷ B 2).

Methanol ist äußerlich von Ethanol, dem trinkbaren Alkohol, kaum zu unterscheiden. Für den Menschen ist Methanol bereits in geringsten Mengen ein gefährliches Gift (▷ B 1). Flüssigkeit und Dämpfe verursachen eine Schädigung insbesondere der Sehnerven mit nachfolgender Erblindung.

Zur Unterscheidung von Methanol und Ethanol lässt man beide Alkohole unter Zugabe von Borsäure verbrennen. Methanol verbrennt dann mit leuchtend grüner Flamme, Ethanol mit gelber Flamme.

Ethanol (Weingeist)

Der zweite Vertreter in der homologen Reihe der Alkanole ist Ethanol. Es entsteht bei der alkoholischen Gärung von zuckerhaltigen Flüssigkeiten mithilfe von Hefezellen. Bereits seit Jahrtausenden werden auf diese Weise alkoholische Getränke hergestellt, insbesondere Wein. Deshalb wird Ethanol auch heute noch als Weingeist bezeichnet.

Propanol, Butanol und Pentanol

Alkoholische Getränken enthalten neben Ethanol auch geringe Mengen an Propanol, Butanol und Pentanol. Diese Alkanole bezeichnet man als Fuselöle. Sie entstehen bei der alkoholischen Gärung als gesundheitsschädliche Nebenprodukte.

Hexadecanol (Cetylalkohol)

Bei Hexadecanol handelt es sich um einen festen, schuppenartigen Alkohol. Er ist in Wasser unlöslich, löst sich aber in Benzin nach Erwärmen. Hexadecanol wird zur Herstellung von Waschmitteln, Salben und Schmiermitteln verwendet. Das Molekül besitzt eine lange Kohlenwasserstoff-Kette. Diese begünstigt die Löslichkeit in Benzin und verhindert die Löslichkeit in Wasser.

20 Tote durch Methanol-Vergiftung

In Tschechien sind nach Regierungsangaben aus Prag bislang mindestens 20 Menschen gestorben, weil sie mit giftigem Methanol vermischten Wodka oder Rum getrunken hatten. 38 Personen werden noch in Krankenhäusern behandelt. Einige von ihnen sind erblindet.

Noch immer kursieren große Mengen des giftigen Schnapses im Handel. Die Regierung hat deshalb ein Verkaufsverbot für Spirituosen erlassen. Methanol ist stark gesundheitsgefährdend und kann schon in geringen Mengen zum Tod führen.

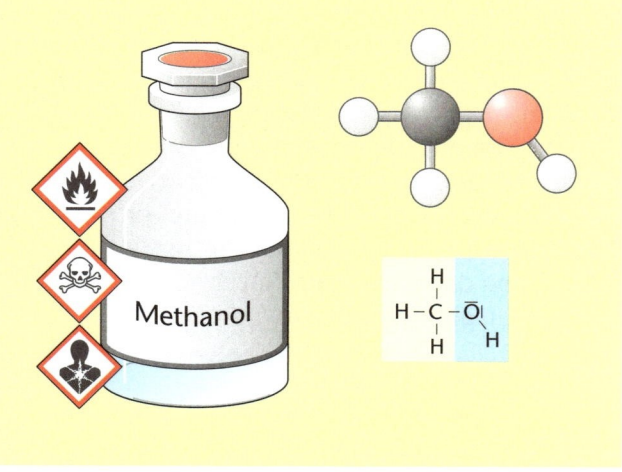

1 Aus einem Zeitungsartikel

2 Methanol, ein giftiger Alkohol

Die homologe Reihe der Alkanole

Ein Alkanol ist ein organischer Stoff, der wie ein Alkan aufgebaut ist und zusätzlich in seinem Molekül eine OH-Gruppe enthält. Der Name eines Alkanols leitet sich von dem Alkan ab, das die gleiche Anzahl C-Atome im Molekül aufweist. An den Namen des Alkans wird die Endung **-ol** angehängt.

Um die Formel eines Alkanol-Moleküls zu bilden, wird im entsprechenden Alkan-Molekül ein Wasserstoff-Atom durch eine OH-Gruppe ersetzt. Aufeinanderfolgende Moleküle der homologen Reihe der Alkanole unterscheiden sich deshalb nur durch eine CH_2-Gruppe. Alkanole bilden eine homologe Reihe mit der allgemeinen Summenformel $C_nH_{2n+1}OH$.

Die Alkanole gehören zur Stoffgruppe der Alkohole. Alkohole sind Kohlenstoff-Verbindungen, deren Moleküle mindestens eine OH-Gruppe aufweisen.

Eigenschaften innerhalb der Reihe

Beim Vergleich der Viskositäten (Zähflüssigkeit) der Alkanole, stellt man fest, dass die Viskosität mit zunehmender Länge der Kohlenwasserstoff-Kette steigt (▷ B 3; V 2). Alkanole mit kurzen Ketten in den Molekülen sind dünnflüssig. Mit steigender Kettenlänge werden sie zähflüssig und schließlich fest.

Die Löslichkeit der Alkanole in Wasser ist auf die polare **Hydroxy-Gruppe** zurückzuführen (▷ V1). Der Einfluss der Hydroxy-Gruppe wird mit zunehmender Kettenlänge geringer, der Einfluss der hydrophoben Kohlenwasserstoff-Kette wird größer. Alkanole, deren Moleküle lange Ketten bilden, sind daher wasserunlöslich, lösen sich aber in beliebigen Mengen in Benzin (▷ B3).

Alkanole bilden eine homologe Reihe. Die allgemeine Formel der Reihe lautet $C_nH_{2n+1}OH$.

Name (Trivialname)	Summenformel	Schmelz-temp. (°C)	Siede-temp. (°C)	Löslichkeit in		Viskosität
				Wasser	Benzin	
Methanol (Methylalkohol)	CH_3OH	−98	65	unbegrenzt löslich	unbegrenzt löslich	nimmt zu
Ethanol (Ethylalkohol)	C_2H_5OH	−117	78			
Propanol (Propylalkohol)	C_3H_7OH	−126	97			
Butanol (Butylalkohol)	C_4H_9OH	−89	117	nimmt ab		
Pentanol (Pentylalkohol)	$C_5H_{11}OH$	−79	138			
Hexanol (Hexylalkohol)	$C_6H_{13}OH$	−47	157			
Dodecanol (Laurylalkohol)	$C_{12}H_{25}OH$	26	256			
Hexadecanol (Cetylalkohol)	$C_{16}H_{33}OH$	50	344			

3 Eigenschaften der Alkanole

AUFGABEN

1 ○ Die Alkanole bilden eine homologe Reihe. Erläutere, wodurch sich die Moleküle benachbarter Alkanole in dieser Reihe unterscheiden.

2 ○ Begründe, weshalb die Löslichkeit der Alkanole in Wasser innerhalb der homologen Reihe abnimmt.

3 ◒ Tabelle 3 zeigt die Eigenschaften einiger Alkanole. Erkläre den Verlauf der Siedetemperaturen innerhalb der homologen Reihe der Alkanole.

4 ◒ a) Zeichne die Strukturformel von Propanol und Hexadecanol.
● b) Vergleiche die Eigenschaften der beiden Stoffe und begründe die Unterschiede.

VERSUCHE

1 Tropfe zu kleinen Portionen verschiedener Alkanole Wasser oder Wundbenzin. Beurteile die Löslichkeit.

2 Plane einen Versuch zur Untersuchung der Viskosität von Alkoholen und führe ihn nach Rücksprache mit der Lehrkraft durch.

Alkanole

○ **A1** Methanol und Ethanol sind die ersten beiden Vertreter der homologen Reihe der Alkanole.
Gib die Strukturformeln dieser beiden Alkanole an.

Methanol	Ethanol

○ **A2** Methanol ist im Vergleich zu Ethanol bereits in geringen Mengen giftig. Beschreibe, wie sich eine Vergiftung durch Methanol auswirkt.

_____

_____

◐ **A3** Erläutere, wie es zu einer Vergiftung durch Methanol kommen kann.

_____

_____

_____

_____

◐ **A4** Fasse zusammen, was die Alkanole chemisch gemeinsam haben, und gib die allgemeine Summenformel an.

_____

_____

_____

● **A5** Ergänze Name oder Formel der Alkanole in der Tabelle. Wie ändern sich die Löslichkeit und Viskosität innerhalb der homologen Reihe? Zeichne jeweils Pfeilspitzen in zunehmender Richtung an die Balken.

Methanol		Butanol		Hexadecanol
	C_3H_7OH		$C_{12}H_{25}OH$	

Löslichkeit in Wasser

Löslichkeit in Benzin

Viskosität

Alkohole mit mehreren OH-Gruppen

Es gibt auch Alkohole, deren Moleküle zwei oder mehr Hydroxy-Gruppen aufweisen. Ein Kohlenstoff-Atom ist darin mit höchstens einer OH-Gruppe verknüpft. Alkohole mit zwei OH-Gruppen im Molekül heißen Diole, Alkohole mit drei OH-Gruppen heißen Triole.

Glykol (Ethandiol)

Der einfachste Alkohol mit zwei OH-Gruppen ist Ethandiol (▷ B 1). Es ist eine gesundheitsschädliche, süß schmeckende Flüssigkeit, die auch Glykol genannt wird. Wässrige Lösungen von Glykol erstarren bei niedrigeren Temperaturen als reines Wasser. Man nutzt sie deshalb als Frostschutzmittel in Scheibenwischanlagen und zum Enteisen von Flugzeugen (▷ B 2).

Glycerin (Propantriol)

Propantriol besitzt drei OH-Gruppen im Molekül und wird auch Glycerin genannt. Es ist zähflüssig, ungiftig und schmeckt süß. Wegen seiner wasseranziehenden Wirkung hält Glycerin Cremes und Zahnpasta feucht. Lässt man Glycerin mit Salpetersäure und Schwefelsäure reagieren, erhält man den Sprengstoff Nitroglycerin.

Sorbit, ein süßer Alkohol

Sorbit ist ein weißer, süß schmeckender, fester Stoff. In der Natur kommt er in verschiedenen Früchten vor. Der süße Geschmack des Sorbits ist auf die sechs Hydroxy-Gruppen im Molekül zurückzuführen. Wegen seiner Süßkraft wird Sorbit statt Zucker in Süßwaren für Diabetiker und in zuckerfreien Kaugummis eingesetzt (▷ B 3). Sorbit ist auch ein Feuchthaltemittel, da es wasseranziehend ist. Es verhindert beispielsweise das Austrocknen von Zahnpasta.

AUFGABEN

1 ⊖ Der chemische Name für Glycerin ist Propantriol. Ziehe daraus Schlussfolgerungen über den Aufbau des Glycerin-Moleküls. Zeichne anschließend die Strukturformel.

2 ⊖ Sammle Informationen, wie man beim Enteisen von Flugzeugen vorgeht.

3 ● Erkläre die höhere Viskosität des Propantriols im Vergleich zu Propanol.

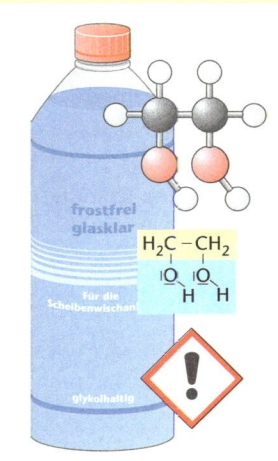

1 Glykol-Molekül

2 Glykol hilft beim Enteisen von Flugzeugen.

3 Sorbit ist ein Süßstoff.

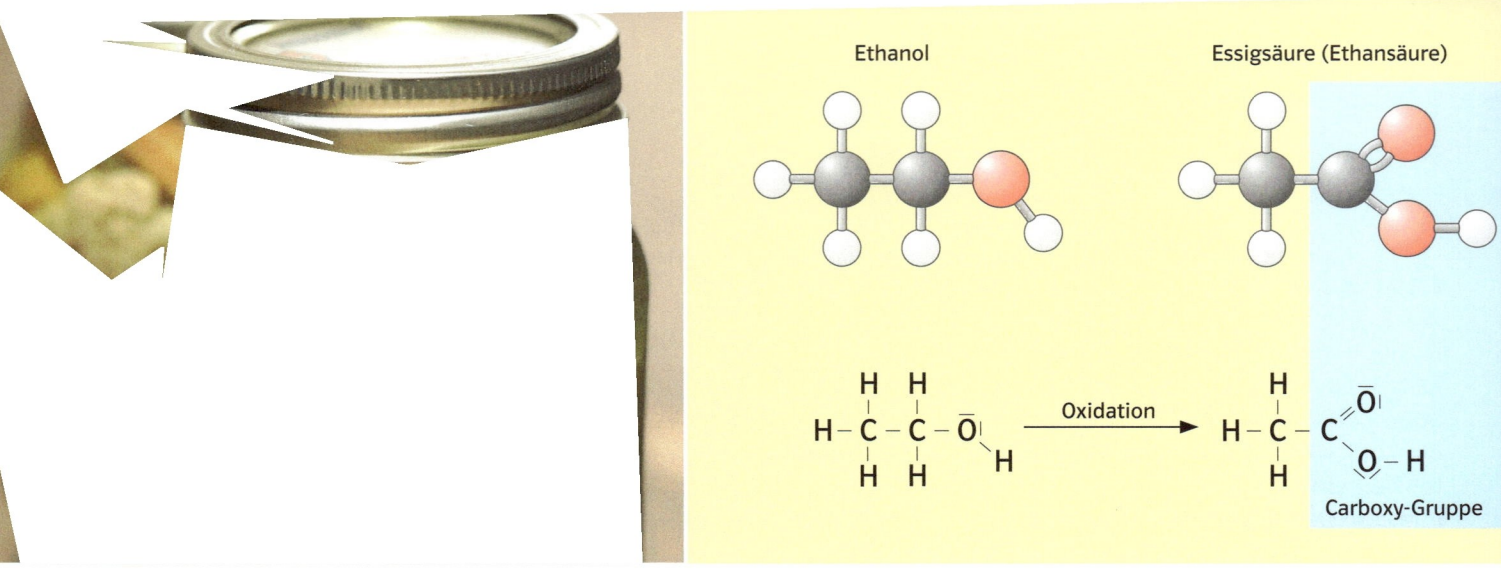

Ethanol   **Essigsäure (Ethansäure)**

Oxidation

Carboxy-Gruppe

1   Essigsäure konserviert Lebensmittel.   **2**   Aus Ethanol entsteht Essigsäure.

Alkansäuren und Seifen

Vom Ethanol zur Essigsäure

Wein wird an der Luft mit der Zeit sauer. Sogenannte Essigsäure-Bakterien oxidieren schrittweise das Ethanol zu Essigsäure (Ethansäure) (▷ B 2). Im Haushalt wird diese verdünnt als Essig zum Würzen und Konservieren von Speisen verwendet (▷ B 1). Essigsäure eignet sich auch zum Reinigen, da sie Kalk auflöst.

Ethansäure – chemisch betrachtet

Das Ethansäure-Molekül enthält wie Ethanol und Ethan zwei Kohlenstoff-Atome. Die Formel der Ethansäure ist CH_3COOH. Die COOH-Gruppe ist die funktionelle Gruppe der Ethansäure. Sie wird **Carboxy-Gruppe** genannt. Die Carboxy-Gruppe ist ebenso wie die Hydroxy-Gruppe polar.

Die homologe Reihe der Alkansäuren

Neben Ethansäure gibt es Methansäure, Propansäure, Butansäure, Pentansäure etc. Sie bilden die Stoffklasse der Alkansäuren (▷ B 7). Ihre funktionelle Gruppe ist die Carboxy-Gruppe.
(► Stoff und Teilchen, S. 104/105)

Die ersten vier Vertreter der homologen Reihe lösen sich gut in polaren Lösungsmitteln wie Wasser. Ihre Eigenschaften

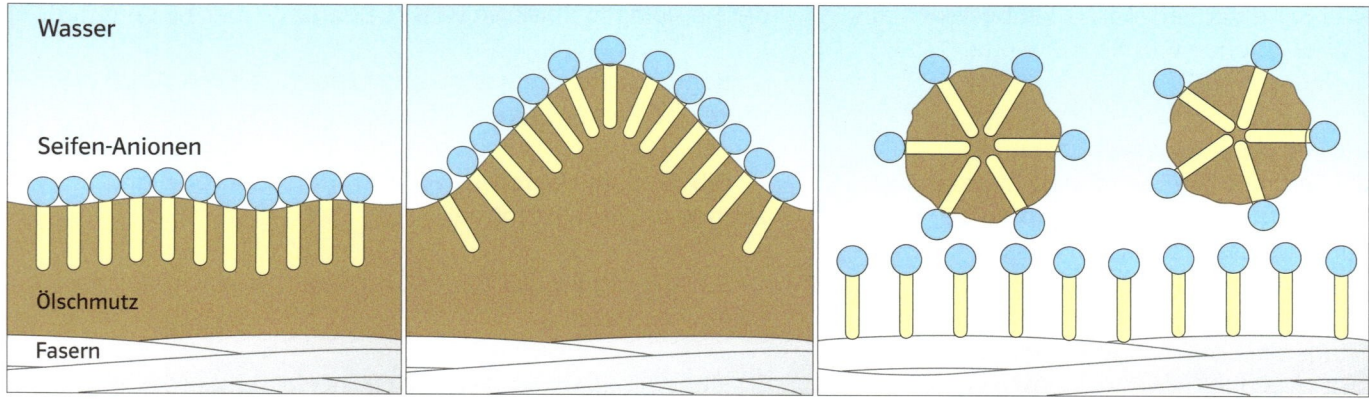

Wasser

Seifen-Anionen

Ölschmutz

Fasern

3   Seifen-Anionen lagern sich an der Grenzfläche an.   **4**   Ein Tropfen bildet sich.   **5**   Der Schmutz löst sich von der Faser ab und verteilt sich im Wasser.

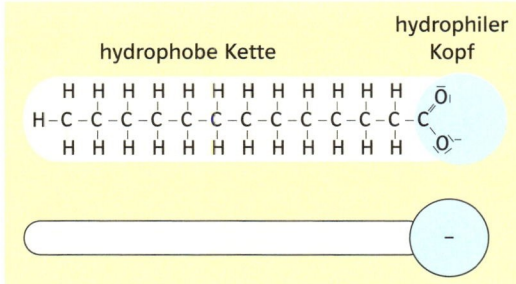

hydrophobe Kette / hydrophiler Kopf

6 Modell des Seifen-Anions der Laurinsäure

Name (Trivialname)	Summen-formel	Schmelz-temp. (°C)	Siede-temp. (°C)	Einfluss der	
				Carboxyl-gruppe	Alkyl-gruppe
Methansäure (Ameisensäure)	HCOOH	8	100		
Ethansäure (Essigsäure)	CH_3COOH	16	118		
Propansäure (Propionsäure)	C_2H_5COOH	− 21	141		
Butansäure (Buttersäure)	C_3H_7COOH	− 7	164		
Dodecansäure (Laurinsäure)	$C_{11}H_{23}COOH$	44	225*		

nimmt zu / nimmt zu

*bei vermindertem Druck (133 hPa)

7 Die homologe Reihe der Alkansäuren

werden stark durch den Einfluss der polaren Carboxy-Gruppe bestimmt.
Mit zunehmender Kettenlänge der Moleküle überwiegt jedoch der Einfluss der unpolaren Alkyl-Gruppe. Ab der Pentansäure nimmt daher die Löslichkeit in unpolaren Lösungsmitteln wie Benzin zu.
Mit zunehmender Kettenlänge der Moleküle steigen auch die Anziehungskräfte zwischen den Molekülen. Dies zeigt sich in der steigenden Siedetemperatur innerhalb der homologen Reihe (▷ B 7).

Fettsäuren sind Alkansäuren

Alkansäuren mit langen Kohlenstoffketten im Molekül sind am Aufbau der Fette beteiligt. Sie werden deshalb auch als **Fettsäuren** bezeichnet. Zu diesen gehören die Dodecansäure (Laurinsäure), die Hexadecansäure (Palmitinsäure) und die Octadecansäure (Stearinsäure).

Seifen

Seifen werden aus Fetten hergestellt. Es sind Salze der Fettsäuren. Sie bestehen aus Seifen-Anionen und Natrium- oder Kalium-Kationen (▷ B 6).

Die Waschwirkung von Seifen

Ein Seifen-Anion besitzt eine hydrophile COO^--Gruppe und eine hydrophobe Kohlenwasserstoff-Kette. Wässrige Seifen-Lösungen eignen sich deshalb gut zum Reinigen von Öl- oder Fettschmutz. Dabei dringen die hydrophoben bzw. lipophilen Ketten in den Ölschmutz ein. Die hydrophilen Köpfe befinden sich im Wasser (▷ B 3). Mit der Zeit lagern sich immer mehr

Seifen-Anionen an, sodass sich ein Tropfen bildet. Wenn der Ölschmutz vollständig von Seifen-Anionen umhüllt ist, löst er sich von der Faser und verteilt sich im Wasser (▷ B 4; B 5).

Alkansäuren bilden eine homologe Reihe. Die funktionelle Gruppe der Alkansäuren ist die Carboxy-Gruppe −COOH. Seifen sind Salze langkettiger Alkansäuren.

AUFGABEN

1 ○ Die Siedetemperaturen der Alkansäuren steigen innerhalb der homologen Reihe an (▷ B 7). Begründe diese Eigenschaft.

2 ○ Begründe die unterschiedliche Löslichkeit von Ameisensäure und Pentansäure in Wasser.

3 ◐ Gib die Summenformel von Hexadecansäure an und zeichne die Strukturformel.

4 ◐ Erkläre mithilfe der Bilder 3 bis 5 die Waschwirkung von Seifen in Wasser.

5 ● Eine Büroklammer kann auf einer Wasseroberfläche schwimmen. Gibt man Seife in das Wasser, versinkt die Klammer. Erkläre.

Zusammenfassung

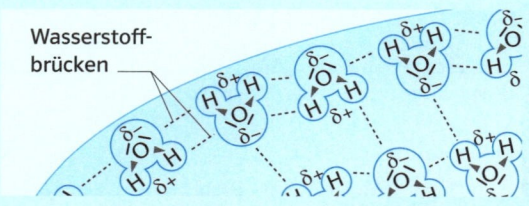

1 Wasser-Moleküle ziehen sich gegenseitig an.

Löslichkeit
Flüssigkeiten, in denen sich andere Stoffe lösen, heißen Lösungsmittel. Die Löslichkeit ist eine messbare Stoffeigenschaft. Sie gibt an, wie viel Gramm eines Stoffes sich in 100 g eines Lösungsmittels bei einer bestimmten Temperatur lösen.

Dipole, Wasserstoffbrücken
Dipole entstehen, wenn sich durch Elektronenverschiebung innerhalb eines Moleküls Teilladungen ausbilden. Zwischen den Dipol-Molekülen des Wassers treten Wasserstoffbrücken auf (▷ B 1).

Wasser löst Salze
Die Dipol-Moleküle des Wassers lösen die Ionen des Salzes aus ihrem Ionenkristall. Dabei entstehen frei bewegliche Ionen, die von einer Wasserhülle umgeben sind. Wasser ist ein polares Lösungsmittel. Darin lösen sich hydrophile Stoffe gut.

Alkane
Alkane sind Kohlenwasserstoffe. Ihre Moleküle sind unpolar. Alkane lösen sich nur in anderen unpolaren Stoffen. Stoffe, die sich nicht in Wasser lösen, nennt man wasserabstoßend oder hydrophob.

Homologe Reihe
Verbindungen, deren Moleküle sich jeweils durch eine CH_2-Gruppe voneinander unterscheiden, bilden eine homologe Reihe. Die homologe Reihe der Alkane hat die allgemeine Summenformel C_nH_{2n+2}.

Funktionelle Gruppen
Funktionelle Gruppen bestimmen die Eigenschaften von Stoffen.

Ethanol – polar und unpolar
Ethanol hat die Formel C_2H_5OH. Das Molekül besteht aus einer polaren Hydroxy-Gruppe (OH-Gruppe) und einer kurzen unpolare Kohlenwasserstoff-Kette. Ethanol ist gleichzeitig ein Lösungsmittel für polare und unpolare Stoffe.

Alkoholische Gärung
Bei der alkoholischen Gärung wird Zucker von Hefezellen in Ethanol und Kohlenstoffdioxid umgewandelt.

Homologe Reihe der Alkanole
Die funktionelle Gruppe der Alkanole ist die Hydroxy-Gruppe. Die allgemeine Summenformel der homologen Reihe der Alkanole ist $C_nH_{2n+1}OH$.

Homologe Reihe der Alkansäuren
Die funktionelle Gruppe der Alkansäuren ist die Carboxy-Gruppe (COOH-Gruppe).

Seifen
Seifen sind die Salze langkettiger Alkansäuren. In Wasser bilden sie Seifen-Anionen, die eine hydrophile COO^--Gruppe und eine hydrohobe Kohlenwasserstoff-Kette besitzen (▷ B 2).

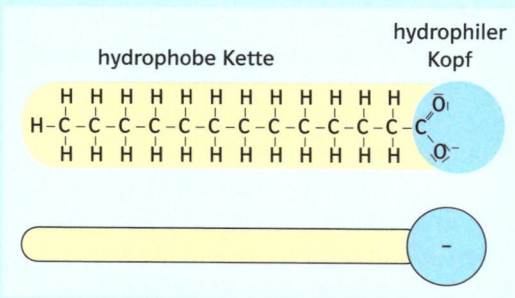

2 Modell des Seifen-Anions der Laurinsäure

AUFGABEN

1 ○ Nenne mindestens sechs Eigenschaften von Wasser.

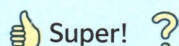 Super! ? ▶ S.8

2 ○ Trinkwasser ist kein Reinstoff. Erläutere.

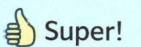 Super! ? ▶ S.8

3 ○ Erläutere den Begriff „Lösungsmittel" und nenne drei Lösungsmittel.

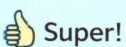 Super! ? ▶ S.10

4 ○ Erkläre am Beispiel eines Wasser-Moleküls mithilfe von Bild 3, wie ein Dipol entsteht.

 Super! ? ▶ S.12/13

5 ○ Erkläre den Lösungsvorgang von Natriumchlorid in Wasser.

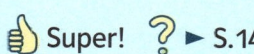 Super! ? ▶ S.14

6 ○ Gib die Summenformel und die Strukturformeln der folgenden Stoffe an:
a) Hexan,
b) Butanol,
c) Ethansäure.

 Super! ? ▶ S.16/17, 24/25, 28

7 ○ Sind Alkane Lösungsmittel für Salze? Begründe deine Vermutung.

 Super! ? ▶ S.16/17

8 ○ Entscheide dich für die richtigen Begriffe und schreibe den Merksatz in dein Heft: Je langkettiger die Alkan-Moleküle, desto *stärker/schwächer* sind

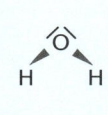 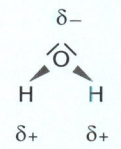 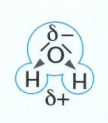

3 Das Wasser-Molekül – ein Dipol

die Anziehungskräfte zwischen den Molekülen, desto *höher/niedriger* ist die Viskosität und desto *höher/niedriger* ist die Siedetemperatur des Stoffes.

 Super! ? ▶ S.16/17

9 ○ Ethanol kann in vielen Bereichen als Lösungsmittel eingesetzt werden. Erkläre.

 Super! ? ▶ S.20/21

10 ○ Bestimmte Alkansäuren werden auch Fettsäuren genannt. Erläutere.

Super! ? ▶ S.29

11 ○ In Bild 4 sind Moleküle dargestellt. Bestimme die funktionelle Gruppe und ordne die Stoffe passenden Stoffklassen zu.

Super! ? ▶ S.24/25, 28/29

12 ● Was passiert, wenn Seife in Wasser gelangt? Begründe deine Vermutung. Fertige auch eine modellhafte Skizze an.

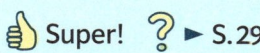 Super! ? ▶ S.29

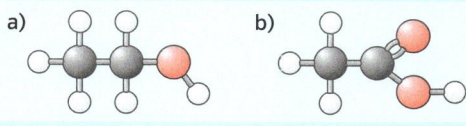

4 Welche Stoffklasse?

▶ Musterlösungen auf den Seiten 126–127 **31**

2 Säuren und Laugen

– Welche Lebensmittel und Reinigungsmittel enthalten Säuren?

– Wie lässt sich feststellen, ob ein Stoff Säure enthält?

– Woher hat die Laugenbrezel ihren Namen?

– In vielen Reinigungsmitteln sind Gefahrstoffe enthalten. Welche Angaben zu den Inhaltsstoffen, Gefahrenhinweisen und Sicherheitshinweisen findest du auf den Verpackungen?

– Warum nennt man Rotkohl auch Blaukraut?

1 Universalindikator in verschiedenen Lösungen (von sauer bis alkalisch)

Wässrige Lösungen und Indikatoren

Rotkohl oder Blaukraut?

Rotkohl wird je nach Zubereitung Rotkohl oder Blaukraut genannt. In Norddeutschland wird er häufig mit Essig zubereitet. Durch den sauren Essig bekommt der Rotkohl eine intensiv rote Farbe. In Süddeutschland wird Rotkohl manchmal mit Natron zubereitet. Durch das gelöste Natron färbt sich der Rotkohl bläulich und wird daher Blaukraut genannt. Natronlösung fühlt sich seifig an. Solche Lösungen heißen **alkalische** Lösungen. Essig ist **sauer**, reines Wasser ist **neutral**. Farbstoffe, die durch charakteristische Farben anzeigen, ob eine Lösung sauer, alkalisch oder neutral ist, nennt man **Indikatoren**.

Ein Indikator für alle Fälle

Häufig wird **Universalindikator** verwendet. Ein Universalindikator ist ein Gemisch von Indikatoren. Es gibt ihn als Flüssigkeit (▷ B 1), als Teststreifen oder als Indikatorpapier (▷ B 2).

2 Universalindikator-Papier

Mit einem Universalindikator lässt sich feststellen, wie stark sauer oder alkalisch eine Lösung ist. Die Anzeige auf der Skala des Universalindikators reicht meist von 0 bis 14. Diese Skala gibt den **pH-Wert** an. Je niedriger der pH-Wert einer Lösung ist, desto saurer ist die Lösung. Eine neutrale Lösung hat den pH-Wert 7. Alkalische Lösungen besitzen einen pH-Wert, der größer als 7 ist.
(▶ Stoff und Teilchen, S. 104/105)

Indikatoren sind Farbstoffe, die durch typische Farben anzeigen, ob eine Lösung sauer, neutral oder alkalisch ist.

Der pH-Wert gibt an, wie stark sauer oder alkalisch eine Lösung ist. Ist der pH-Wert kleiner als 7, liegt eine saure Lösung vor. Ist er größer als 7, ist die Lösung alkalisch. Eine neutrale Lösung hat den pH-Wert 7.

AUFGABEN

1 ○ Nenne Beispiele für Lösungen, die Universalindikator rot bzw. blau färben.

2 ○ Erläutere, was ein Indikator ist und was der pH-Wert angibt.

3 ◐ Plane einen Versuch, mit dem du reines Wasser, Seifenlösung und Citronensäure-Lösung voneinander unterscheiden kannst.

4 ● Etliche Pflanzenfarbstoffe ändern ihre Farbe in Abhängigkeit des pH-Werts. Recherchiere und berichte.

Der Rotkohlsaft-Indikator

Material
Schutzbrille, 10 Becher aus Plastik oder Pappe, Rotkohlblätter
(Blaukraut), Messer, Zitronensaft, Soda-Lösung, Essig, Leitungswasser,
Kernseife in Wasser, Kernseife in Brennspiritus, Sprudel, Natron-Lösung,
Vollwaschmittel-Lösung, Zucker-Lösung, 2 Bechergläser (250 ml),
Wasserkocher, Glasstab, Trichter, Rundfilter, Tropfpipette

Versuchsanleitung

**Vor Versuchsbeginn mit der Lehrkraft Sicherheitsmaßnahmen und
Entsorgung durchsprechen!**

A) Herstellung eines Indikators aus Rotkohl
a) Schneide frische Rotkohlblätter in kleine Streifen und gib sie in ein Becherglas.
b) Übergieße die Blätter mit heißem Wasser aus dem Wasserkocher.
c) Rühre mehrfach mit dem Glasstab um, bis die Flüssigkeit intensiv gefärbt ist.
d) Filtriere die Lösung in das zweite Becherglas.
e) Die Lösung (das Filtrat) ist der Rotkohlsaft, der als Indikator dient.

gekochter
Rotkohl

Filtrat:
Rotkohlsaft

○ **A1** Du hast Rotkohlsaft hergestellt. Gib die Farbe des Rotkohlsafts an. _____

B) Untersuchung verschiedener Lebens- und Haushaltsmittel mit dem Indikator
Fülle jeweils einen Becher zur Hälfte mit Zitronensaft, Soda-Lösung, Essig, Leitungswasser, Kernseife in
Wasser, Kernseife in Brennspiritus, Sprudel, Natron-Lösung, Vollwaschmittel-Lösung, Zucker-Lösung.
Füge nun zu den Proben mit der Tropfpipette vorsichtig tropfenweise Rotkohlsaft hinzu, bis eine deutliche
Farbänderung zu erkennen ist.
Hinweis: Du solltest zu allen Proben ungefähr gleich viel Rotkohlsaft hinzugeben.

○ **A2** Trage in der Tabelle die untersuchten Lösungen mit der zugehörigen Farbänderung ein.

sauer	neutral	alkalisch

● **A3** Formuliere eine Vermutung, weshalb Indikatoren aus natürlichen Pflanzenfarbstoffen wie z. B. Rotkohlsaft
selten im Unterricht verwendet werden.

_____

_____

_____

1 Macht sauer immer lustig?

2 Citronensäure ist ein Feststoff.

Säuren und saure Lösungen

Eine Säure entfaltet ihre Wirkung in Wasser

Zitronensaft schmeckt sauer (▷ B 1). Aus Zitronensaft kann ein weißer Feststoff gewonnen werden, die Citronensäure (▷ B 2). Citronensäure ist ein Reinstoff.

Hält man ein trockenes Universalindikator-Papier an die feste Citronensäure, so zeigt das Papier keine Veränderung. Wird die Citronensäure jedoch in Wasser gelöst, so färbt sich der Universalindikator rot. Diese saure Lösung ist aus der Säure und Wasser entstanden. Auch im Zitronensaft liegt die Citronensäure in Wasser gelöst vor.

Es gibt viele Säuren

In der Natur kommen viele Säuren vor, beispielsweise Citronensäure, Äpfelsäure, Weinsäure, Ameisensäure und Milchsäure. Diese Säuren liegen in der Natur fast immer in Form von sauren Lösungen vor. Auch im Labor gibt es Flaschen mit wässrigen Lösungen verschiedener Säuren wie zum Beispiel Salzsäure, Schwefelsäure oder Essigsäure.

Die eigentlichen Säuren sind feste, flüssige oder gasförmige Reinstoffe, die mit Wasser **saure Lösungen** bilden.

Der Wasseranteil der sauren Lösungen ist sehr unterschiedlich: Konzentrierte Schwefelsäure enthält nur etwa 2 bis 5% Wasser. Konzentrierte Salzsäure enthält dagegen etwa 64% Wasser. Der Wasseranteil verdünnter Salzsäure liegt sogar bei über 90%.

Säuren sind feste, flüssige oder gasförmige Reinstoffe, die mit Wasser saure Lösungen bilden.

AUFGABEN

1 ○ Ist Zitronensaft eine Säure oder eine saure Lösung? Erläutere.

2 ◒ Welche Säuren findest du im Haushalt? Stelle die unterschiedlichen Produkte und ihre Verwendung in einer Tabelle zusammen.

3 ● Auf dem Etikett einer Essigflasche aus dem Supermarkt steht oft „5% Säure". Erkläre, was diese Angabe bedeutet.

VERSUCH

1 Halte ein Stück trockenes Universalindikator-Papier
a) in feste Citronensäure,
b) in eine wässrige Lösung der Citronensäure (Schutzbrille!),
c) an die Schnittfläche einer Zitrone.

Untersuchung saurer Lösungen

Material

Schutzbrille, 9 Reagenzgläser, Reagenzglasgestell, Papiertuch, Folienstift, Magnesiumband, Eisennagel, Kupferblech, Citronensäure-Lösung, verdünnte Essigsäure, verdünnte Salzsäure

Versuchsanleitung

a) Stelle die Reagenzgläser in das Reagenzglasgestell. Fülle drei Reagenzgläser etwa 3 cm hoch mit Citronensäure-Lösung. Fülle drei weitere Reagenzgläser etwa 3 cm hoch mit verdünnter Essigsäure und die letzten drei Reagenzgläser genauso hoch mit verdünnter Salzsäure. Beschrifte die Reagenzgläser.

b) In das erste Reagenzglas mit der Citronensäure-Lösung gibst du ein Stückchen Magnesiumband, in das zweite einen Eisennagel und in das dritte ein Stück Kupferblech. Verfahre ebenso mit den Reagenzgläsern, die Essigsäure und Salzsäure enthalten. Beobachte alle Reagenzgläser etwa 10 Minuten.

Beobachtung

	Magnesiumband	Eisennagel	Kupferblech
Citronensäure-Lösung			
verdünnte Essigsäure			
verdünnte Salzsäure			

Auswertung

_____

_____

A1 Du erhältst folgende Materialien:
Schutzbrille, Gasbrenner, Reagenzglas, kleines Reagenzglas, Reagenzglasgestell, durchbohrter Stopfen mit Gasableitungsrohr, Magnesiumband, verdünnte Essigsäure
Plane mit den Materialien einen Versuch, mit dem du das Gas nachweisen kannst, das bei der Reaktion von Magnesium mit Essigsäure entsteht. Skizziere den Versuchsaufbau und führe den Versuch nach Rücksprache mit der Lehrkraft durch.

Versuchsaufbau

A2 Nenne das Gas, das du nachgewiesen hast.

_____

1 Mit Säuren kann man unedle Metalle verzieren.

2 Perlen enthalten Kalk, sie lösen sich in sauren Lösungen.

Eigenschaften saurer Lösungen

Saure Lösungen reagieren mit unedlen Metallen

Saure Lösungen werden in Flaschen oder Kanistern aus Glas oder Kunststoff aufbewahrt. Warum werden saure Lösungen nicht in Gefäße aus Eisenblech gefüllt, obwohl diese nicht so leicht zerbrechen wie Glasgefäße?

Gibt man einen Eisennagel in eine Citronensäure-Lösung, so bilden sich nach kurzer Zeit kleine Gasblasen am Eisennagel. Das Gas kann man auffangen und mit der Knallgasprobe als Wasserstoff nachweisen. Saure Lösungen reagieren auch mit Magnesium und Zink, sodass Wasserstoff entsteht. Mit Gold, Silber oder Kupfer findet dagegen keine Reaktion statt (▷ B 3).

In Gefäßen aus den edlen Metallen könnte man saure Lösungen aufbewahren, nicht aber in Gefäßen aus unedlen Metallen. Die unedlen Metalle reagieren mit sauren Lösungen, dabei bildet sich Wasserstoff. Im Alltag sagt man auch, die Metalle werden „zerfressen".

Saure Lösungen sind ätzend

Schon im Mittelalter hat man mit sauren Lösungen Verzierungen in Ritterrüstungen aus Metall geätzt (▷ B 1). Wie das funktioniert, zeigt folgender Versuch (▷ V 2): Eine Metallplatte wird mit Wachs, einem Lack oder einer Folie beschichtet. Mit einer Nadel wird ein Muster oder ein Name durch die Beschichtung geritzt. Die Metallplatte wird dann in eine saure Lösung gestellt. Das durch das Ritzen freigelegte Metall reagiert mit der sauren Lösung. Der Name oder das Muster ätzt sich nun in das Metall. Zum Schluss wird die Metallplatte abgewaschen und die Beschichtung entfernt.

Saure Lösungen reagieren mit Kalk

Kleopatra soll zwei der größten Perlen der Welt besessen haben, deren Wert jeweils auf 10 Millionen Sesterzen geschätzt wurde. Perlen bestehen aus Perlmutt, das zu mindestens 80 % aus Kalk besteht (▷ B 2). Der Legende nach gab Kleopatra eine ihrer Perlen in konzentrierten Essig und trank anschließend die Flüssigkeit.

Kalkhaltige Stoffe reagieren tatsächlich gut mit sauren Lösungen. Der Kalk wird dabei zersetzt und es entsteht das Gas Kohlenstoffdioxid.

Nicht nur Perlmutt, sondern auch Eierschalen, Schneckengehäuse, Muscheln und die Kalkalpen bestehen aus Kalk.

Saure Lösungen leiten den elektrischen Strom

Feste Citronensäure zeigt keine elektrische Leitfähigkeit. Auch geschmolzene Citronensäure leitet im Gegensatz zu geschmolzenen Salzen den elektrischen Strom nicht. Löst man jedoch Citronensäure in Wasser, so leitet die saure Lösung den elektrischen Strom (▷ B 4, V 1). Es müssen also frei bewegliche Ionen in der sauren Lösung vorliegen. Diese können sich erst beim Lösen der Säure in Wasser gebildet haben.

Saure Lösungen haben gemeinsame Eigenschaften. Sie reagieren mit unedlen Metallen und Kalk und sie leiten den elektrischen Strom. In sauren Lösungen liegen frei bewegliche Ionen vor.

3 Magnesium reagiert mit Salzsäure, Kupfer nicht.

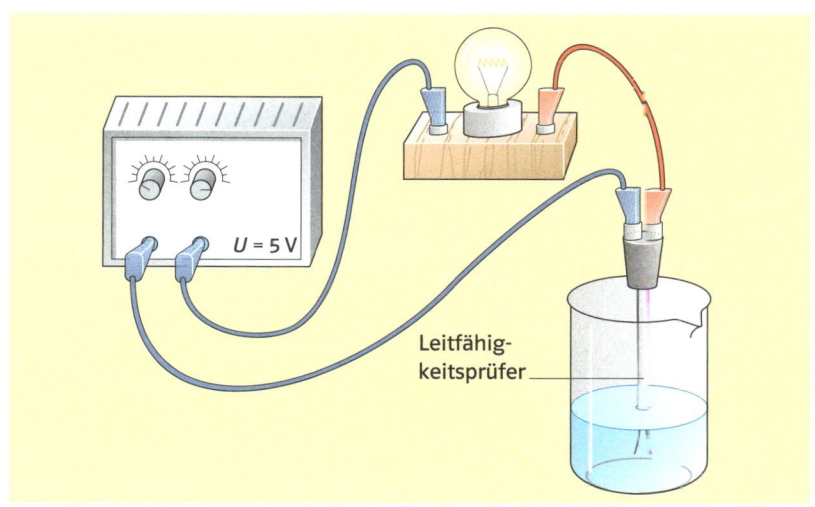

4 Saure Lösungen leiten den elektrischen Strom.

AUFGABEN

1 ○ Schreibe die Gemeinsamkeiten von sauren Lösungen übersichtlich auf.

2 ○ Beschreibe einen Versuch, mit dem du eine Glasperle von einer Perle aus Perlmutt unterscheiden kannst.

3 ◒ Eine Schmelze von Kochsalz leitet den elektrischen Strom, eine Citronensäure-Schmelze dagegen nicht. Erkläre den Unterschied.

4 ◒ Saure Lebensmittel wie Erbsensuppe und Bratheringe, aber auch Cola-Getränke werden in Metalldosen aufbewahrt. Finde heraus, weshalb das Metall der Dosen nicht mit den sauren Lösungen reagiert. Sammle dazu leere Konservendosen und untersuche ihre Innenflächen. (Vorsicht, Schnittgefahr!) Recherchiere, aus welchen Metallen die Dosen bestehen.

5 ● Mithilfe von verdünnter Salzsäure werden Bodenproben auf ihren Kalkgehalt hin untersucht. Stelle eine Vermutung an, wie das Verfahren funktioniert.

VERSUCHE

1 Untersuche die elektrische Leitfähigkeit von fester Citronensäure und einer Citronensäure-Lösung.

2 Schneide in eine selbstklebende Buchfolie einen Namen oder ein Muster. Beklebe damit eine kleine Aluminiumplatte. Stelle die Aluminiumplatte für etwa eine halbe Stunde in halbkonzentrierte Salzsäure.

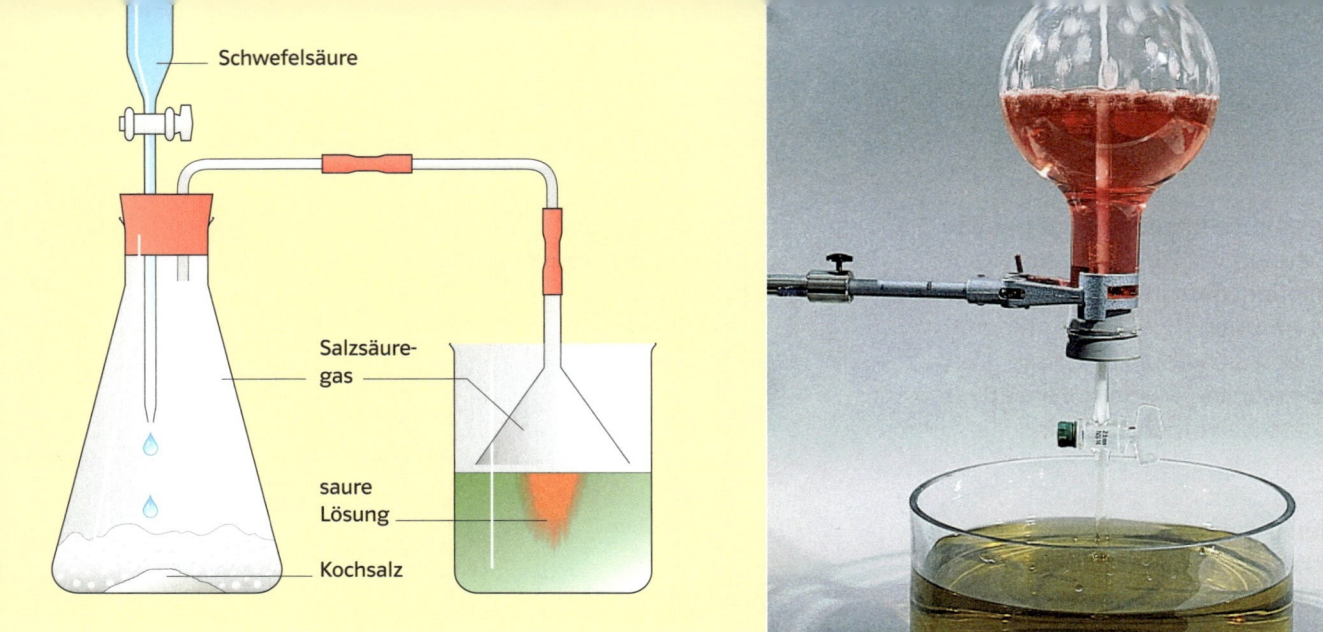

1 Bildung von Salzsäure aus Salzsäuregas und Wasser

2 Salzsäuregas löst sich sehr gut in Wasser.

Salzsäure – eine bekannte Säure

Eine Säure aus Kochsalz

Die Salzsäure ist eine der am meisten eingesetzten Säuren. Sie trägt ihren Namen, weil sie früher aus Kochsalz hergestellt wurde. Lässt man konzentrierte Schwefelsäure auf Kochsalz tropfen, entsteht ein Gas. Dieses Gas löst sich sehr gut in Wasser und bildet eine saure Lösung, die **Salzsäure** (▷ B 1). Das entstandene Gas wird Salzsäuregas genannt.

Das große Bestreben des Salzsäuregases sich in Wasser zu lösen, kann man in einem Versuch zeigen. Dazu füllt man einen Kolben mit Salzsäuregas. Taucht man die Öffnung des Kolbens in Wasser, so schießt das Wasser springbrunnenartig in den Kolben, nachdem der erste Tropfen durch die enge Öffnung des Glasrohres eingedrungen ist (▷ B 2). In 1 Liter Wasser lösen sich etwa 500 Liter Salzsäuregas. Weil bereits die ersten in den Kolben eindringenden Wassertropfen fast das gesamte Gas lösen, entsteht ein Unterdruck. Der Unterdruck lässt das Wasser nachströmen.

Die entstandene wässrige Lösung des Salzsäuregases bewirkt bei Zugabe von Universalindikator-Lösung einen roten Farbumschlag. Im Kolben hat sich eine saure Lösung gebildet.

Die Bestandteile der Salzsäure

Salzsäure entsteht aus Salzsäuregas und Wasser. Salzsäure ist eine saure Lösung. Saure Lösungen enthalten Ionen. Untersucht man Salzsäure mithilfe des elektri-

3 In Salzsäure liegen Ionen vor.

schen Stroms, so bildet sich am Minuspol Wasserstoff (▷ B 4; V 2). Daraus kann man schließen, dass in der sauren Lösung Wasserstoff-Ionen (H⁺-Ionen) vorliegen. Am Pluspol bildet sich Chlor. Es entsteht aus den Chlorid-Ionen (Cl⁻-Ionen), die ebenfalls in der Salzsäure vorhanden sind.

Die Wasserstoff-Ionen und die Chlorid-Ionen bilden sich beim Lösen des Salzsäuregases in Wasser. Das Salzsäuregas ist also eine Verbindung aus Chlor und Wasserstoff. Der Stoff heißt deshalb auch **Chlorwasserstoff**. Er besteht aus Molekülen mit der Formel HCl. Löst man Chlorwasserstoff in Wasser, bilden sich Wasserstoff-Ionen und Chlorid-Ionen (▷ B 3):

$$HCl \xrightarrow{\text{in Wasser}} H^+ + Cl^-$$

Welche Ionen bewirken die sauren Eigenschaften?

Eine Kochsalz-Lösung, die ebenso wie Salzsäure Chlorid-Ionen enthält, färbt Universalindikator nicht rot. Die Chlorid-Ionen können daher nicht für die Rotfärbung verantwortlich sein. Untersucht man andere verdünnte Säuren mithilfe des elektrischen Stroms, so entsteht am Minuspol immer Wasserstoff. Es müssen also in jeder sauren Lösung Wasserstoff-Ionen vorliegen. Diese Ionen sind für die sauren Eigenschaften verantwortlich. Je größer die Konzentration der Wasserstoff-Ionen einer Lösung ist, desto stärker sauer ist sie.

Die Chlorid-Ionen in der Salzsäure sind nicht für die sauren Eigenschaften verantwortlich. Man bezeichnet sie als **Säurerest-Ionen** der Salzsäure.

Salzsäure ist eine Lösung von Chlorwasserstoff in Wasser. Beim Lösen entstehen Wasserstoff-Ionen und Chlorid-Ionen.

Alle sauren Lösungen enthalten Wasserstoff-Ionen und Säurerest-Ionen. Die Wasserstoff-Ionen sind verantwortlich für die Eigenschaften saurer Lösungen.

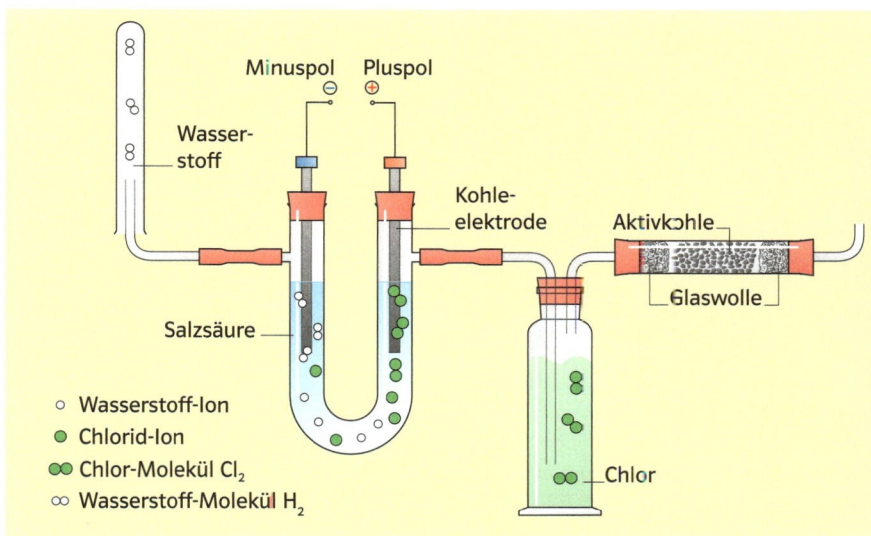

○ Wasserstoff-Ion
● Chlorid-Ion
●● Chlor-Molekül Cl₂
∞ Wasserstoff-Molekül H₂

4 Zerlegung von Salzsäure: Am Pluspol bildet sich Chlor, am Minuspol Wasserstoff.

AUFGABEN

1 ○ Nenne die Ionen, die es in allen sauren Lösungen gibt.

2 ○ Erläutere den Unterschied zwischen Chlorwasserstoff und Salzsäure.

3 ◒ Beschreibe und erkläre die Beobachtungen, die beim Springbrunnenversuch zu machen sind (▷ B 2).

4 Der Magensaft des Menschen enthält etwa 0,5 % Salzsäure.
◒ a) Recherchiere, welche Aufgaben die Salzsäure im Magen erfüllt.
● b) Erkläre, wie Sodbrennen entsteht.

VERSUCHE

1ᴸ ! a) Man stellt Chlorwasserstoff durch Reaktion von konzentrierter Schwefelsäure mit Kochsalz her und leitet das Gas durch einen Trichter auf Wasser mit Universalindikator-Lösung (▷ B 1). (Abzug! Schutzbrille!)
! b) Anschließend fängt man Chlorwasserstoff in einem Rundkolben (500 ml) auf. Nach dem Füllen wird der Kolben durch einen Stopfen mit einem zur Spitze ausgezogenen Glasrohr verschlossen (▷ B 2). Die Öffnung des Kolbens wird in einem Wasserbecken mit Universalindikator-Lösung auf und ab bewegt. (Schutzscheibe! Schutzbrille!)

2ᴸ ! Man führt mit verdünnter Salzsäure eine Elektrolyse durch (▷ B 4). (Abzug! Schutzbrille!)

Wichtige Säuren im Vergleich

○ **A1** Lies die Texte zu den drei wichtigen Säuren durch und fülle dann stichwortartig die Tabelle aus.

Phosphorsäure
Reine Phosphorsäure ist ein Feststoff. Eine 85 %ige Lösung wird konzentrierte Phosphorsäure genannt. Sie ist eine farblose, ölige Flüssigkeit. Phosphorsäure wird zur Herstellung von Düngemitteln, Waschmitteln und Rostentfernern gebraucht. Sie ist ungiftig und stark verdünnt auch in Lebensmitteln wie Cola-Getränken enthalten. Hier dient sie als Konservierungs- und Säuerungsmittel. Phosphorsäure kann verschiedene Salze, die Phosphate, bilden.

Schwefelsäure
Schwefelsäure ist eine der wichtigsten Chemikalien überhaupt. Sie wird bei der Herstellung von Autobatterien, Farbstoffen, Kunststoffen, Mineraldüngern und vielen anderen Stoffen benötigt. Konzentrierte Schwefelsäure ist eine farblose, ölige und stark ätzende Flüssigkeit. Sie ist in der Lage, Stoffen wie Zucker oder Holz Wasser-Moleküle zu entziehen, sodass schwarzer Kohlenstoff zurückbleibt. Auch Kleidung, Haut oder Haare werden von Schwefelsäure zerstört. Daher muss man mit Schwefelsäure sehr vorsichtig umgehen. Die Salze der Schwefelsäure heißen Sulfate.

Salpetersäure
Reine Salpetersäure ist eine farblose Flüssigkeit. Sie zersetzt sich leicht insbesondere unter Lichteinfluss. Dabei bildet sich das Gas Stickstoffdioxid, das sich dann zum Teil in der Säure löst. Dadurch erhält sie eine rotbraune Farbe. Diese konzentrierte Salpetersäure zersetzt Metalle und kann brennbare Stoffe entzünden. Salpetersäure wird zur Herstellung von Farbstoffen und Sprengstoffen verwendet. Eine wichtige Bedeutung haben auch die Salze der Salpetersäure, die Nitrate. Sie bilden den Grundstoff von Düngemitteln.

Name der Säure	Verwendung	Stoffeigenschaften	Name der Salze

● **A2** Ein Bleiakkumulator im Auto enthält Schwefelsäure. Welche Gefahren gehen davon für einen Kraftfahrzeug-Mechatroniker aus? Beschreibe.

● **A3** Recherchiere, welche Lebensmittel viel Nitrat enthalten.

Die Kohlensäure

Material
Schutzbrille, zwei Reagenzgläser, Reagenzglasgestell, Gasbrenner, kohlensäurehaltiges Mineralwasser, Universalindikator-Lösung

Versuchsanleitung
a) Fülle beide Reagenzgläser mit frischem, kohlensäurehaltigem Mineralwasser.
b) Füge zu beiden sofort ein paar Tropfen Universalindikator hinzu.
c) Schüttle das eine Reagenzglas alle 2 bis 3 Minuten und betrachte die Lösung nach 40 bis 60 Minuten erneut.
d) Erwärme das zweite Reagenzglas vorsichtig mit der leuchtenden Flamme des Gasbrenners.

○ **A1** Beschreibe deine Beobachtungen zu Versuchsbeginn und zu Versuchsende.

⬤ **A2** Erkläre deine Beobachtungen und formuliere eine entsprechende Reaktionsgleichung dazu. Die Summenformel für Kohlensäure lautet H_2CO_3.

⬤ **A3** Erläutere, woraus die kleinen Gasbläschen bestehen, die in kohlensäurehaltigen Erfrischungsgetränken aufsteigen. Wie könnte man das Gas nachweisen?

⬤ **A4** Viele Menschen besitzen zu Hause ein Gerät, um selbst Mineralwasser herzustellen. Was geschieht mithilfe dieses Gerätes? Formuliere auch eine Reaktionsgleichung dazu.

Biotechnische Verfahren

Bei modernen biotechnischen Verfahren setzt man heute besondere „Arbeitskräfte" ein: Enzyme und Mikroorganismen, beispielsweise Bakterien und Pilze, stellen die unterschiedlichsten Produkte her. Damit diese kleinen Helfer optimal arbeiten können, benötigen sie günstige Arbeitsbedingungen. Diese Bedingungen findet man in Bioreaktoren, in denen die „biotechnischen Arbeiter" die gewünschten Stoffumwandlungen durchführen (▷ B1).

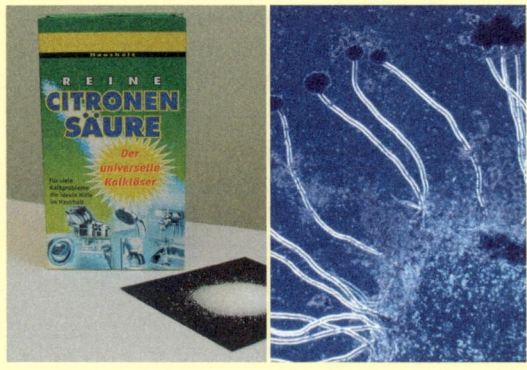

2 Citronensäure lässt sich biotechnisch herstellen.

Citronensäure – nicht mehr aus Zitronen

Citronensäure wurde früher aus Zitronen gewonnen. Seit 1893 ist jedoch bekannt, dass Schimmelpilze Zucker abbauen und dabei Citronensäure bilden. Der Bedarf an Citronensäure ist sehr groß, weil es in vielen Getränken als Säuerungsmittel eingesetzt wird. In Bioreaktoren gelingt es heute, mithilfe des Pilzes Aspergillus niger zuckerhaltige Abfallprodukte aus Zuckerfabriken in Citronensäure umzuwandeln (▷ B2). Auf diese Weise werden heute pro Jahr etwa 400 000 Tonnen Citronensäure hergestellt.

Kleine Helfer im Dienste der Menschen

Bakterien können in unterschiedlichen Bereichen eingesetzt werden. Im Belebtschlammbecken der Kläranlagen zersetzen Bakterien organische Schmutzteilchen. Im Bergbau werden Bakterien eingesetzt, um Spuren von Metallerzen aus dem Gestein zu lösen. Vor allem Kupfererze und Uranerze werden zum Teil bakteriell abgebaut. Mit gentechnisch veränderten Bakterien kann seit 1982 das Hormon Insulin für Diabetiker hergestellt werden. Früher wurde das lebenswichtige Insulin aus den Bauchspeicheldrüsen von Schlachttieren gewonnen.

AUFGABEN

1 ◒ Erläutere am Beispiel der Citronensäure-Herstellung die Vorteile biotechnischer Verfahren.

2 ◒ Viele biotechnische Verfahren werden in Bioreaktoren durchgeführt. Beschreibe die Vorgänge in einem solchen Behälter.

3 ● Mit der Herstellung von Insulin durch Bakterien sind Vorteile für die betroffenen Diabetiker verbunden. Informiere dich über diese Vorteile.

1 Bioreaktoren

Saurer Regen zerstört

Luftschadstoffe aus Verbrennungen

Kohle, Erdgas und Heizöl enthalten geringe Mengen an Schwefel-Verbindungen. Werden diese Brennstoffe verbrannt, entsteht deshalb immer auch Schwefeldioxid. Zusätzlich entstehen bei der Verbrennung von Benzin und Diesel in Automotoren Stickstoffoxide. Sie bilden sich bei sehr hohen Temperaturen durch Oxidation des Luft-Stickstoffs. Schwefeldioxid und Stickstoffoxide sind Gase, die unsere Umwelt in vielfältiger Weise schädigen.

Luftschadstoffe machen den Regen sauer

Stickstoffoxide und Schwefeldioxid schädigen direkt die Nadeln oder Blätter von Bäumen, da sie das für die Fotosynthese wichtige Chlorophyll zerstören (▷ B1). Außerdem bilden die Gase mit dem Regen und dem Sauerstoff der Luft saure Lösungen. Dieser saure Regen macht den Boden an manchen Stellen so stark sauer, dass die Wurzeln der Bäume geschädigt werden. Der saure Regen kann auch Gewässer übersäuern, sodass alles Leben im Gewässer abstirbt. Gebäude, Brücken und Figuren aus Kalkstein werden ebenfalls beschädigt. Dadurch entstehen hohe Kosten.

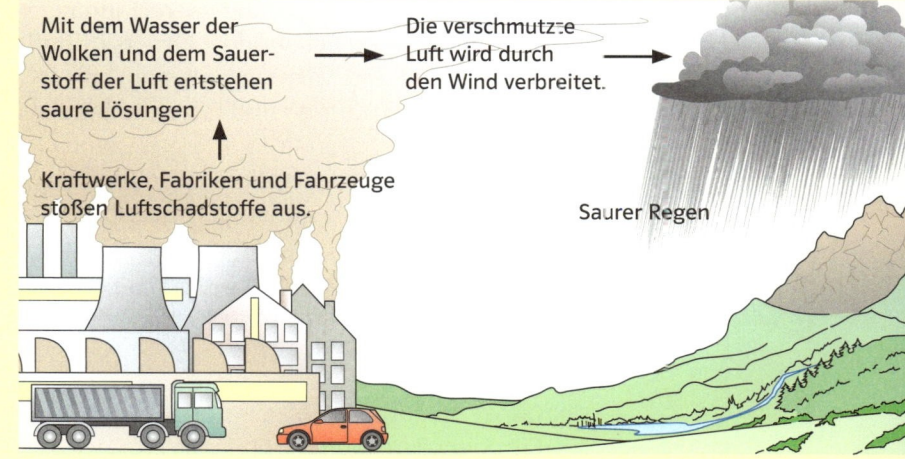

Mit dem Wasser der Wolken und dem Sauerstoff der Luft entstehen saure Lösungen

Die verschmutzte Luft wird durch den Wind verbreitet.

Kraftwerke, Fabriken und Fahrzeuge stoßen Luftschadstoffe aus.

Saurer Regen

2 Entstehung und Wirkung des sauren Regens

Abhilfe

Am sinnvollsten ist es, Luftschadstoffe erst gar nicht entstehen zu lassen oder sie am Ort der Entstehung sofort zu beseitigen. Dafür gibt es beispielsweise Katalysatoren in Autos. Kraftwerke besitzen zur Reinigung ihrer Verbrennungsgase spezielle Anlagen, sogenannte Rauchgas-Entschwefelungsanlagen. Bereits übersäuerte Böden oder Seen können mit Kalk neutralisiert werden.

AUFGABEN

1 ⊖ Formuliere für die Bildung des Schwefeldioxids aus Schwefel und Sauerstoff die Reaktionsgleichung.

2 ● Saurer Regen reagiert mit dem Kalk ($CaCO_3$) in Böden und dem Kalkstein in Figuren. Mit Kalk kann man übersäuerte Böden und Seen neutralisieren. Erkläre die beschriebenen Sachverhalte.

3 ● Recherchiere, wie in Rauchgas-Entschwefelungsanlangen das Gas Schwefeldioxid aus den Verbrennungsgasen entfernt wird.

1 Waldsterben: Eine Ursache ist der saure Regen.

Herstellung von Laugen

Material
Schutzbrille, Gasbrenner, Dreifuß, Keramik-Drahtnetz, 2 Reagenzgläser, 1 Reagenzglas mit großem Durchmesser, Porzellanschale, Trichter, Reagenzglasgestell, Pinzette, Rundfilter, Calcium (gekörnt), Universalindikator-Lösung, destilliertes Wasser

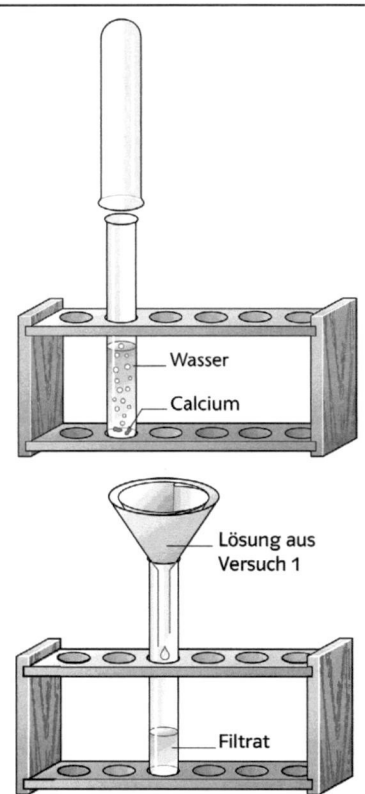

Versuchsanleitung
a) Fülle ein Reagenzglas zu etwa einem Drittel mit destilliertem Wasser. Stelle das Reagenzglas in das Reagenzglasgestell. Gib mit der Pinzette 4 Körnchen Calcium in das Wasser und halte sofort das Reagenzglas mit dem größeren Durchmesser über die Öffnung des Reagenzglases im Gestell. Führe mit dem aufgefangenen Gas die Knallgasprobe durch.

b) Stelle das zweite Reagenzglas mit Trichter und Rundfilter in ein Reagenzglasgestell. Filtriere die Lösung aus Versuch a in das Reagenzglas im Gestell. Gieße einen Teil des Filtrats in die Porzellanschale. Gib zu dem anderen Teil im Reagenzglas einige Tropfen Universalindikator-Lösung. Dampfe anschließend die Lösung in der Porzellanschale mit der nicht leuchtenden Brennerflamme ein. Entferne vor dem vollständigen Verdampfen den Brenner.

Beobachtung

1.

2.

Auswertung

1.

2.

⊖ **A1** Benenne den Stoff, der im Versuch nach dem Eindampfen übrig bleibt. Gib auch die Formel an.

○ **A2** Ein anderer Name für Calciumlauge ist Kalkwasser. Nenne den Stoff, den du damit nachweisen kannst.

● **A3** Beschreibe zwei Möglichkeiten, um Natronlauge herzustellen.

Eigenschaften von Laugen

○ **A1** Nenne die Teilchen, die in allen Laugen enthalten sind.
Gib auch die Formel an.

_____

◑ **A2** Fülle die Lücken im Text aus.

Natronlauge erhält man, wenn man den weißen Feststoff _____ in _____

löst. Auch andere Laugen sind wässrige Lösungen von _____. Natronlauge entsteht auch,

wenn man das Metall _____ mit _____ reagieren lässt. Dabei entsteht das Gas

_____. Alle Laugen färben Universalindikator _____.

◑ **A3** Der Versuch zeigt die Messung der elektrischen Leitfähigkeit
einer Lauge. Beschreibe die Beobachtung und erkläre das
Versuchsergebnis.

_____

_____

_____

_____

● **A4** Das Alkalimetall Kalium bildet mit Wasser eine Lauge. Sie heißt Kalilauge. Stelle das Reaktionsschema und
die Reaktionsgleichung für die Bildung von Kalilauge auf.

Reaktionsschema: _____

Reaktionsgleichung: _____

● **A5** Ammoniak hat die Formel NH_3. Eine wässrige Lösung von Ammoniak reagiert alkalisch. Dabei entstehen
positiv geladene und negativ geladene Ionen. Erkläre dies mithilfe der Formeln.

_____

_____

_____

_____

1 Rohrreiniger enthält Natriumhydroxid.

2 Laugengebäck wird mit Natronlauge gebacken.

Natronlauge, eine bekannte Lauge

Rohrreiniger und Laugenbrezeln haben auf den ersten Blick nichts gemeinsam (▷ B 1; B 2). Rohrreiniger enthält **Natriumhydroxid**. Aus Natriumhydroxid und Wasser entsteht **Natronlauge**. Auch bei Brezellauge handelt es sich um Natronlauge, jedoch stark verdünnte.

Vom Natrium zur Natronlauge

Natrium ist ein weiches und sehr unedles Metall. Gibt man ein Stück Natrium auf Wasser, reagiert es heftig. Dabei wird Wärme frei, sodass das Natriumstück schmilzt und eine Kugel bildet. Diese Natriumkugel bewegt sich auf der Wasseroberfläche wie ein Wassertropfen auf einer heißen Herdplatte. Von der Natriumkugel sinken Schlieren in das Wasser. Die Universalindikator-Lösung zeigt, dass eine alkalische Lösung entstanden ist (▷ B 4; V 1).

Neben der alkalischen Lösung entsteht bei der Reaktion von Natrium und Wasser zudem das Gas Wasserstoff. Natrium reagiert mit Wasser also zu einer alkalischen Lösung und Wasserstoff.

Dampft man die alkalische Lösung ein, die bei der Reaktion von Natrium und Wasser entsteht, so bleibt ein weißer Feststoff

zurück. Dieser hat keine Ähnlichkeit mit Natrium. Der weiße Feststoff ist Natriumhydroxid (NaOH). Die Reaktionsgleichung für die Reaktion von Natrium mit Wasser lautet:

$$2\ Na + 2\ H_2O \longrightarrow 2\ NaOH + H_2$$

Eine Lösung von Natriumhydroxid nennt man Natronlauge. Sie ist alkalisch. Lässt man Natriumhydroxid an der Luft liegen, so scheint der Feststoff zu zerfließen. Natriumhydroxid zieht Wasser aus der Luft, die Luftfeuchtigkeit an.

Laugen sind elektrisch leitfähig

Natronlauge leitet den elektrischen Strom. Auch eine Natriumhydroxid-Schmelze ist elektrisch leitfähig. Die elektrische Leitfähigkeit beruht auf dem Vorhandensein von frei beweglichen Ionen. Natriumhydroxid besteht aus Natrium-Ionen (Na^+-Ionen) und **Hydroxid-Ionen** (OH^--Ionen).

Welche Ionen bewirken die alkalischen Eigenschaften?

Die Natrium-Ionen können nicht für die alkalischen Eigenschaften verantwortlich sein, da eine Natriumchlorid-Lösung neutral ist. Es sind also die Hydroxid-Ionen, die eine Lösung alkalisch machen. Das Hydroxid-Ion ist aus einem Wasserstoff-Atom und einem Sauerstoff-Atom aufgebaut, und es ist negativ geladen (▷ B 3). Hydroxid-Ionen sind in allen alkalischen Lösungen enthalten. Je größer die Konzentration der Hydroxid-Ionen einer Lösung ist, desto stärker alkalisch ist sie. (► Stoff und Teilchen, S. 104/105)

Eigenschaften der Natronlauge

Stark alkalische Lösungen greifen Haut und Haare an. Darauf beruht auch die Wirkung von Rohrreinigern, die Natriumhydroxid enthalten. Das Natriumhydroxid löst sich im Wasser unter Erwärmung (exotherm) und bildet eine heiße, konzentrierte Natronlauge, die die Verstopfung zersetzt. Beim Umgang mit Natriumhydroxid und Natronlauge sollte deshalb auch im Haushalt immer eine Schutzbrille getragen werden.

Bei der Herstellung von Laugengebäck wird der Teig vor dem Backen in eine höchstens 4 %ige Natronlauge getaucht. Beim Backvorgang reagiert die Natronlauge mit dem Kohlenstoffdioxid aus dem Backpulver oder der Hefe zu dem Salz Natron (Natriumhydrogencarbonat). Laugengebäck enthält also keine Natronlauge mehr.

Natronlauge ist eine Lösung, die Natrium-Ionen und Hydroxid-Ionen enthält. Die Hydroxid-Ionen verursachen die Eigenschaften alkalischer Lösungen.

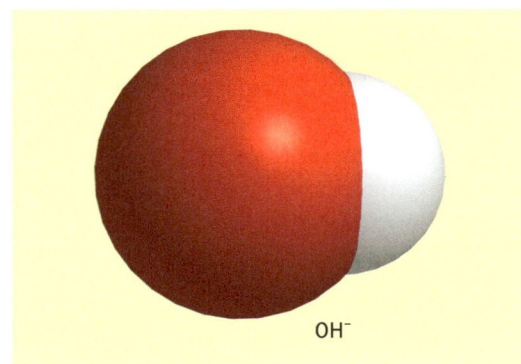

OH⁻

3 Ein Hydroxid-Ion im Modell

4 Natrium reagiert heftig mit Wasser.

AUFGABEN

1 ○ Beschreibe, was Laugengebäck ist.

2 ○ Erläutere den Unterschied zwischen Natriumhydroxid und Natronlauge.

3 ○ Begründe, warum beim Umgang mit Natriumhydroxid und Natronlauge eine Schutzbrille getragen werden muss.

4 ◖ Natrium gehört zur Elementgruppe der Alkalimetalle. Erläutere, woher der Name „Alkalimetalle" stammt.

5 ◖ Erkläre, woran man erkennen kann, dass bei der Zugabe von Natrium zu Wasser eine chemische Reaktion stattfindet.

6 ● Auch Kalium bildet mit Wasser eine Lauge. Sie heißt Kalilauge. Stelle das Reaktionsschema und die Reaktionsgleichung für die Bildung von Kalilauge auf.

VERSUCH

1ᴸ ! Eine Wanne wird zur Hälfte mit Wasser gefüllt. Auf die Wasseroberfläche gibt man ein etwa linsengroßes, frisch entrindetes Stück Natrium. (Schutzscheibe! Schutzbrille!)

Laugen im Überblick

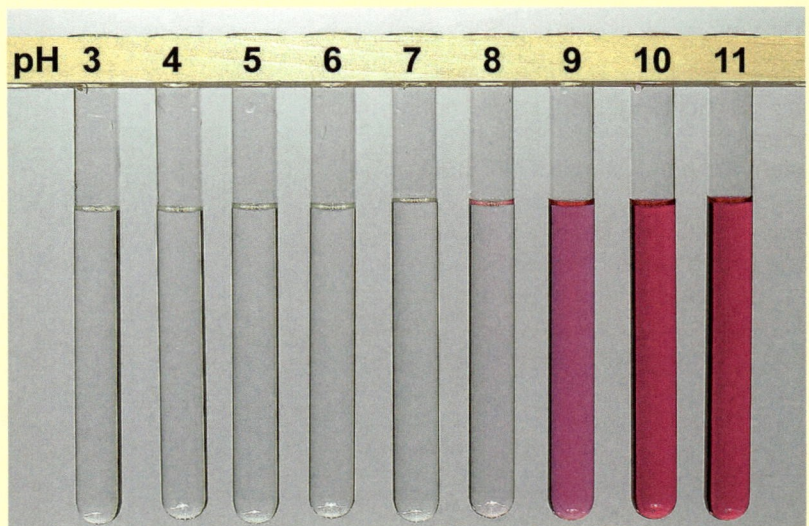

pH 3 4 5 6 7 8 9 10 11

1 Phenolphthalein wird in alkalischer Lösung rotviolett.

Natronlauge ist die bekannteste Lauge, es gibt allerdings weitere wichtige Laugen.

Kaliumhydroxid und Kalilauge
Kaliumhydroxid hat die Formel KOH. Es hat ähnliche Eigenschaften wie Natriumhydroxid. So löst sich auch Kaliumhydroxid exotherm in Wasser. Die Lösung nennt man Kalilauge. Sie wird unter anderem zur Seifenherstellung und in Batterien („Alkaline") eingesetzt.

Calciumhydroxid und Kalkwasser
Das Erdalkalimetall Calcium reagiert ähnlich wie die Alkalimetalle Lithium, Natrium

und Kalium mit Wasser. Gibt man einige Calciumstückchen auf Wasser, so sinken diese zu Boden. Gleichzeitig steigen Gasbläschen auf und die Flüssigkeit trübt sich. Calcium reagiert mit Wasser zu Calciumhydroxid und Wasserstoff.

$$Ca + 2\,H_2O \longrightarrow Ca(OH)_2 + H_2$$

Calciumhydroxid ist ein weißer Feststoff, der sich weniger gut in Wasser löst als Natriumhydroxid. Deshalb bildet sich bei der Zugabe von Calcium zu Wasser eine trübe Lösung, eine Suspension. Durch Filtration lässt sich die Lösung von dem Feststoff abtrennen. Eine gesättigte Lösung von Calciumhydroxid nennt man auch Kalkwasser. Es wird als Nachweismittel für Kohlenstoffdioxid genutzt. Leitet man Kohlenstoffdioxid in Kalkwasser ein, so entsteht Kalk, der als weißer Feststoff ausfällt.

Phenolphthalein als Indikator
Ein häufig eingesetzter Indikator zum Nachweis alkalischer Lösungen ist Phenolphthalein-Lösung. Diese weist im alkalischen Bereich die Farbe Rotviolett auf, im sauren Bereich ist der Indikator farblos (▷ B1). Der Farbwechsel tritt bei diesem Indikator besonders deutlich hervor.

AUFGABEN

1 ⊖ Kaliumhydroxid wird auch als Ätzkali bezeichnet. Interpretiere den Namen.

2 ⊖ Vergleiche in einem kurzen Text Eigenschaften und Verwendung von Kaliumhydroxid und Calciumhydroxid.

3 ● Stelle für den Kohlenstoffdioxid-Nachweis das Reaktionsschema und die Reaktionsgleichung auf. (Kalk hat die Formel $CaCO_3$.)

festes Hydroxid		frei bewegliche Ionen in wässrigen Lösungen	Name der Lauge
NaOH	$\longrightarrow$	$Na^+ + OH^-$	Natronlauge
KOH	$\longrightarrow$	$K^+ + OH^-$	Kalilauge
LiOH	$\longrightarrow$	$Li^+ + OH^-$	Lithiumlauge
$Ca(OH)_2$	$\longrightarrow$	$Ca^{2+} + 2\,OH^-$	Calciumlauge
$Ba(OH)_2$	$\longrightarrow$	$Ba^{2+} + 2\,OH^-$	Bariumlauge

2 Hydroxide bilden beim Lösen in Wasser Laugen.

Untersuchung eines Abflussreinigers

Abflussreiniger beseitigen Verstopfungen in Abflussrohren. Neben anderen Bestandteilen enthalten sie Natriumhydroxid.

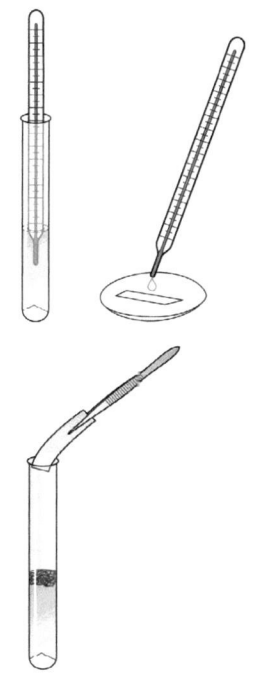

Material
Schutzbrille, Schutzhandschuhe, 2 Reagenzgläser, Uhrglas, Glasstab, Reagenzglasgestell, Thermometer, Pinzette, Spatel, Schere, Universalindikator-Papier, Baumwollfaden, Haare, Olivenöl, Abflussreiniger, destilliertes Wasser

Versuchsanleitung
a) Fülle ein Reagenzglas zu etwa einem Drittel mit destilliertem Wasser. Miss die Temperatur. Gib zwei Spatel Abflussreiniger hinzu. (Achtung, nicht zu viel nehmen, Überschäumen möglich!) Beobachte die Temperatur.
b) Entnimm mit dem Thermometer einen Tropfen und gib diesen auf ein Stück Universalindikator-Papier auf einem Uhrglas.
c) Fülle ein Reagenzglas wiederum zu etwa einem Drittel mit destilliertem Wasser. Gib dann einige Haare, den Baumwollfaden und etwas Olivenöl in das Reagenzglas. Füge anschließend zwei Spatel Abflussreiniger zu. Verrühre den Inhalt des Reagenzglases mit dem Glasstab. Beobachte etwa 10 Minuten. Halte in die Öffnung des Reagenzglases ein angefeuchtetes Indikatorpapier. Prüfe vorsichtig den Geruch durch Zufächeln.

Beobachtung

1. _____

2. _____

3. _____

_____

_____

_____

Auswertung

_____

_____

_____

_____

● **A1** Begründe, weshalb die Verschlusskappe des Abflussreinigers nach Gebrauch sofort wieder fest zugeschraubt werden muss.

_____

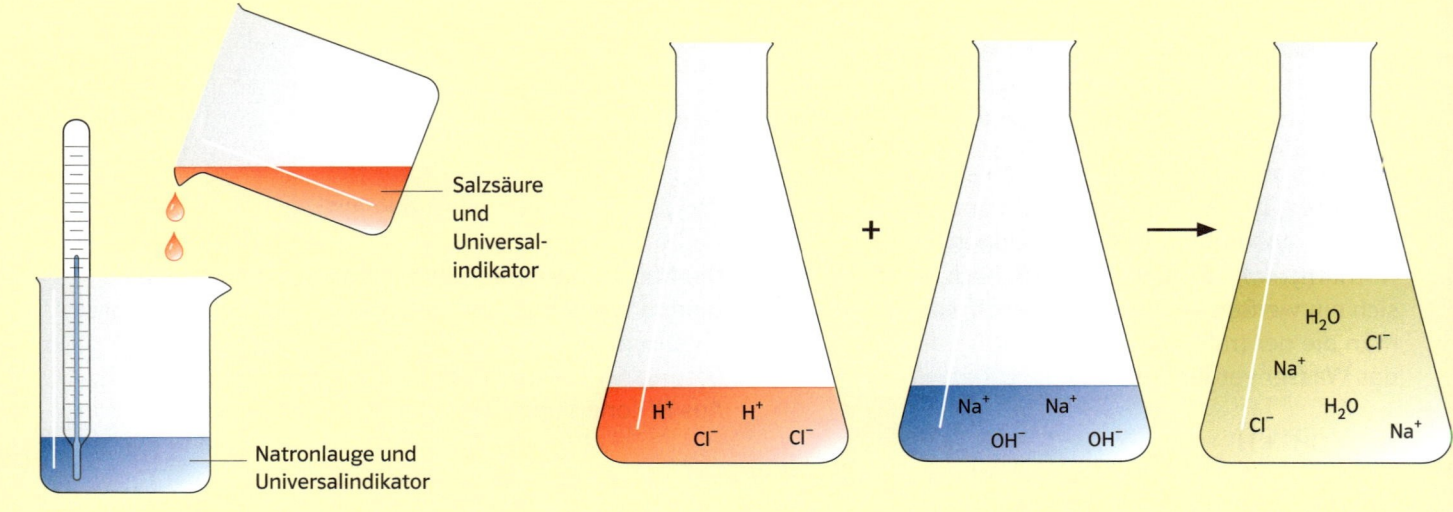

1 Neutralisation von Natronlauge mit Salzsäure

Die Neutralisation

Saure und alkalische Lösungen dürfen nicht einfach ins Abwasser gegeben werden. Sie gefährden Fische, Pflanzen und Kleinstlebewesen in Flüssen. Was passiert, wenn eine saure und eine alkalische Lösung zusammen in das Abwasser gelangen?

Säuren und Laugen heben sich auf
Versetzt man verdünnte Natronlauge mit etwas Universalindikator, so färbt sich der Indikator blau. Tropft man nun verdünnte Salzsäure in die verdünnte Natronlauge, geht die Blaufärbung langsam in Gelbgrün über (▷ B 1, V 1a). Diese Farbe zeigt, dass eine neutrale Lösung entstanden ist. Ihr pH-Wert ist 7. Außerdem ist die Temperatur der Lösung gestiegen. Die Temperaturerhöhung und die Farbänderung des Indikators deuten darauf hin, dass eine chemische Reaktion stattgefunden hat (▷ B 4).

Beim Zusammentreffen der Wasserstoff-Ionen der sauren Lösung und der Hydroxid-Ionen der alkalischen Lösung bilden sich Wasser-Moleküle:

$$H^+ + OH^- \longrightarrow H_2O \mid \text{exotherm}$$

Diese chemische Reaktion von Wasserstoff-Ionen und Hydroxid-Ionen zu Wasser-Molekülen wird als **Neutralisation** bezeichnet.

Salze durch Neutralisation
Salzsäure enthält neben Wasserstoff-Ionen auch Chlorid-Ionen und Natronlauge enthält neben Hydroxid-Ionen auch Natrium-Ionen. Wenn Wasserstoff-Ionen

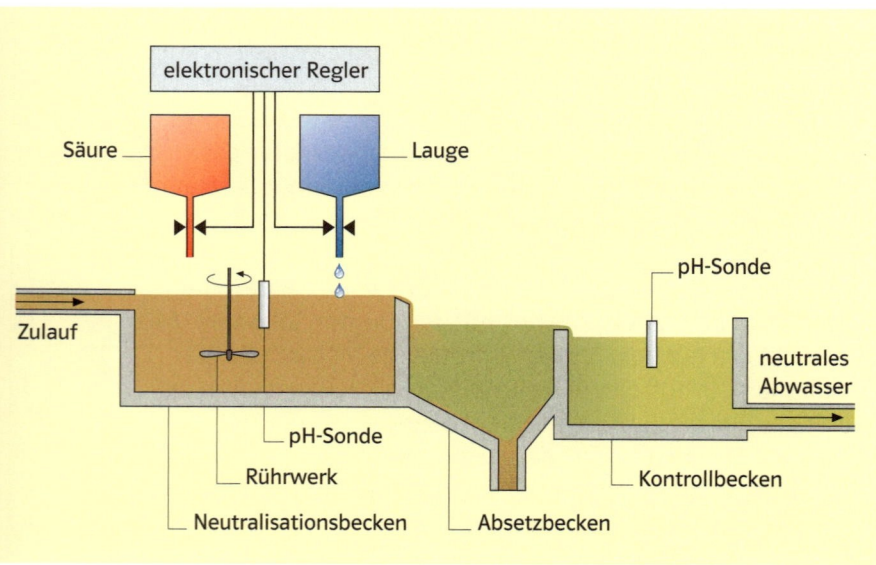

2 Schema einer Neutralisationsanlage

und Hydroxid-Ionen zu Wasser-Molekülen reagieren, bleiben Natrium-Ionen und Chlorid-Ionen übrig. Aus diesen Ionen ist Natriumchlorid aufgebaut. Tatsächlich zeigt sich ein weißer, salzartiger Feststoff, wenn man die neutrale Lösung eindampft oder das Wasser verdunsten lässt (▷ B 3):

$$Na^+ + OH^- + H^+ + Cl^- \longrightarrow NaCl + H_2O$$
Natron-   Salz-   Natrium- Wasser
lauge   säure   chlorid

Nicht nur Salzsäure und Natronlauge, sondern auch andere Säuren und Laugen können zu Wasser und einem Salz reagieren. Deshalb gilt allgemein:

Säure + Lauge $\longrightarrow$ Salz + Wasser | exotherm

Neutralisation – wichtig für die Umwelt
In vielen Industriezweigen, beispielsweise der Lackindustrie, der Waschmittelindustrie oder der Papierindustrie, entstehen saure oder alkalische Abwässer. Bevor diese Abwässer in die Umwelt eingeleitet werden, werden sie neutralisiert (▷ B 2). (► Chemische Reaktion, S. 112/113)

Die Neutralisation ist eine chemische Reaktion, bei der Wasserstoff-Ionen und Hydroxid-Ionen zu Wasser-Molekülen reagieren.

3 Eine neutralisierte Lösung wird eingedampft.

BASISKONZEPT Chemische Reaktion

Die Neutralisation erfüllt die Merkmale einer chemischen Reaktion: Es entstehen neue Stoffe mit anderen Eigenschaften. Dabei wird Energie abgegeben, die Lösung wird warm. Auch die Teilchen verändern sich: Aus H⁺-Ionen und OH⁻-Ionen werden Wasser-Moleküle.

4 Die Neutralisation ist eine chemische Reaktion.

AUFGABEN

1 ○ Nenne die Ionen, die an einer Neutralisation beteiligt sind.

2 ○ Sven behauptet: „Bei einer Neutralisation handelt es sich nur um eine Vermischung und nicht um eine chemische Reaktion." Beschreibe Versuche, die seine Behauptung widerlegen können.

3 ◒ Saure und alkalische Lösungen leiten den elektrischen Strom. Leitet auch eine neutralisierte Lösung den elektrischen Strom? Begründe deine Entscheidung.

4 Stelle das Reaktionsschema und die Reaktionsgleichung auf:
◒ a) Kalilauge reagiert mit Salzsäure.
● b) Calciumlauge reagiert mit Salzsäure.

5 ● Beschreibe und erkläre ausführlich, wie die Neutralisationsanlage in Bild 2 saure und alkalische Abwässer behandelt.

VERSUCH

1 a) Fülle ein Reagenzglas zu einem Drittel mit verdünnter Natronlauge. Füge drei Tropfen Universalindikator-Lösung hinzu. Gib anschließend tropfenweise verdünnte Salzsäure zu der Natronlauge, bis der Indikator nach Gelbgrün umschlägt.
b) Fülle ein Reagenzglas zu einem Drittel mit verdünnter Natronlauge und ein zweites mit verdünnter Salzsäure. Miss sowohl die Temperatur der Natronlauge als auch die der Salzsäure. Schütte nun die Salzsäure zur Natronlauge und miss sofort die Temperatur der Lösung.
c) Gib einen kleinen Teil der Lösung aus Versuch b) in eine Abdampfschale und dampfe sie über der nicht leuchtenden Brennerflamme ein. Du kannst einen Teil der Lösung auch einige Tage stehen lassen. Betrachte den Rückstand mit der Lupe.

Übungsaufgaben zur Neutralisation

Die rechte Abbildung veran-
schaulicht die Wirkungsweise der
Neutralisation:
Man schüttet gleiche Mengen
verdünnter Salzsäure und
Natronlauge mit jeweils gleicher
Konzentration zusammen.
Beiden Flüssigkeiten hat man
vorher Universalindikator
zugesetzt.

Salzsäure

Farbe: _____

pH = _____

Natronlauge

Farbe: _____

pH = _____

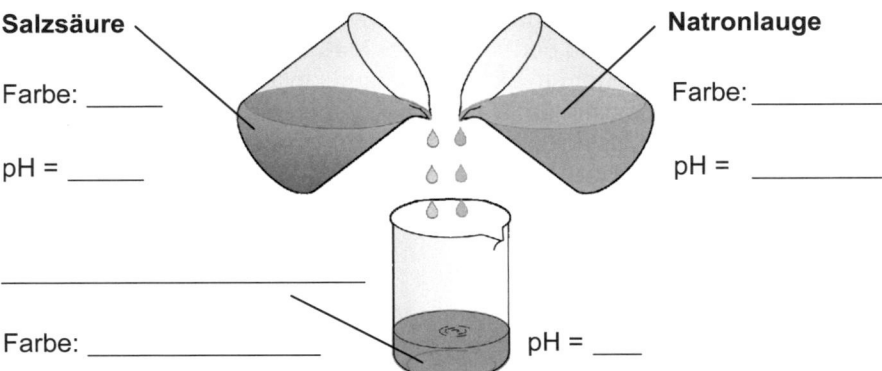

_____

Farbe: _____   pH = ____

○ **A1** Beschrifte die Abbildung.

◑ **A2** Fülle den Lückentext zur Erklärung des Vorgangs bei der Neutralisation aus.

Säuren und Laugen reagieren unter _____ miteinander. Man sagt, dass Säuren

und Laugen sich gegenseitig aufheben oder sich gegenseitig _____. Die sauer

wirkenden _____ -Ionen und alkalisch wirkenden _____ - Ionen reagieren dabei miteinander. Es entsteht

eine _____ Lösung aus _____ und _____.

◑ **A3** Erstelle die Reaktionsgleichung für die Reaktion von Natronlauge mit Salzsäure und kennzeichne die
Teilchen, die für die Neutralisation verantwortlich sind, farbig.

_____

● **A4** Aus unterschiedlichen Säuren und Laugen entstehen unterschiedliche Salze. Ergänze die Tabelle.

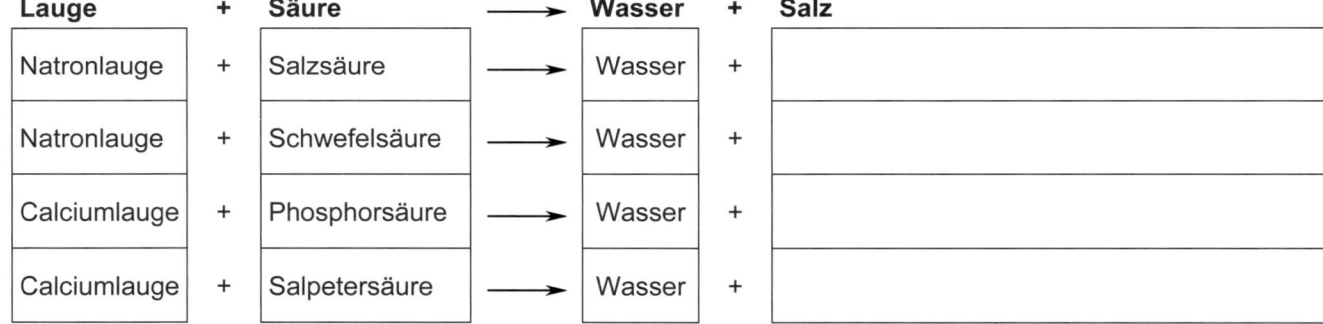

Lauge	+	Säure	⟶	Wasser	+	Salz
Natronlauge	+	Salzsäure	⟶	Wasser	+	
Natronlauge	+	Schwefelsäure	⟶	Wasser	+	
Calciumlauge	+	Phosphorsäure	⟶	Wasser	+	
Calciumlauge	+	Salpetersäure	⟶	Wasser	+	

● **A5** Recherchiere drei verschiedene Bereiche, in denen Neutralisationen im Alltag eine Rolle spielen.

_____

_____

_____

Die Maßanalyse

Liegen in einer Lösung genau so viele Wasserstoff-Ionen H^+ wie Hydroxid-Ionen OH^- vor, dann ist die Lösung neutral. Bei der **Maßanalyse** nutzt man dieses Wissen, um die Konzentration einer unbekannten Lösung mithilfe einer bekannten Lösung (Maßlösung) zu bestimmen. Dazu benötigt man als Laborgerät eine **Bürette**. Damit kann man kleine Flüssigkeitsportionen sehr genau abmessen.

Meniskus bei 0

Versuch: Wie viel Essigsäure ist in Essig?

Material

Schutzbrille, Stativ, Bürettenklammer oder Doppelmuffe und Universalklemme, Bürette, Erlenmeyerkolben (100 ml), Messzylinder, 2 Bechergläser (100 ml), weißes Papier, farbloser Essig, Maßlösung: Natronlauge (1 mol/l), Phenolphtalein-Lösung als Indikator

Versuchsanleitung

a) Befestige die Bürette mit der Klammer am Stativ. Gib dann etwa 10 ml Natronlauge in das Becherglas und fülle die Lauge in die Bürette. Lass die Lauge aus der Bürette in das zweite Becherglas laufen. Die Bürette ist jetzt frei von Staub und Wasserresten.

b) Fülle die Bürette mit Natronlauge. Halte das zweite Becherglas unter den Hahn und öffne ihn kurz, damit die Luft aus dem Hahn verdrängt wird. Stelle den Flüssigkeitsstand durch vorsichtiges Öffnen des Hahns auf den Nullpunkt.

c) Gib genau 20 ml Essig in den Erlenmeyerkolben. Füge 4 Tropfen Phenophthalein-Lösung hinzu. Stelle den Kolben unter die Bürette auf das weiße Papier.

d) Lass die Natronlauge aus der Bürette in den Essig im Erlenmeyerkolben tropfen. Schwenke den Erlenmeyerkolben ständig. Schließe den Hahn der Bürette, wenn die Flüssigkeit im Erlenmeyerkolben gerade vollständig rotviolett ist. Lies den Stand der Bürette ab und trage ihn unten ein (Probe 1).

e) Wiederhole die Essigsäurebestimmung mit einer zweiten Essigprobe und trage den Wert unten ein (Probe 2).

○ **A1** Vergleicht die Messergebnisse in der Klasse.

Gruppen in der Klasse	Verbrauch an Maßlösung in ml (Probe 1)	Verbrauch an Maßlösung in ml (Probe 2)
Gruppe 1 (unser Wert)		
Gruppe 2		
Gruppe 3		
Gruppe 4		

● **A2** Berechne die Masse der Essigsäure in 1 Liter Essig. 1 ml Natronlauge (1 mol/l) neutralisiert 60 mg (0,06 g) Essigsäure.

● **A3** Welchen Massenanteil in % weist der Essig auf? Gehe zur Berechnung davon aus, dass 1 Liter Essig die Masse 1 kg hat. Vergleiche mit der Angabe auf der Essigflasche.

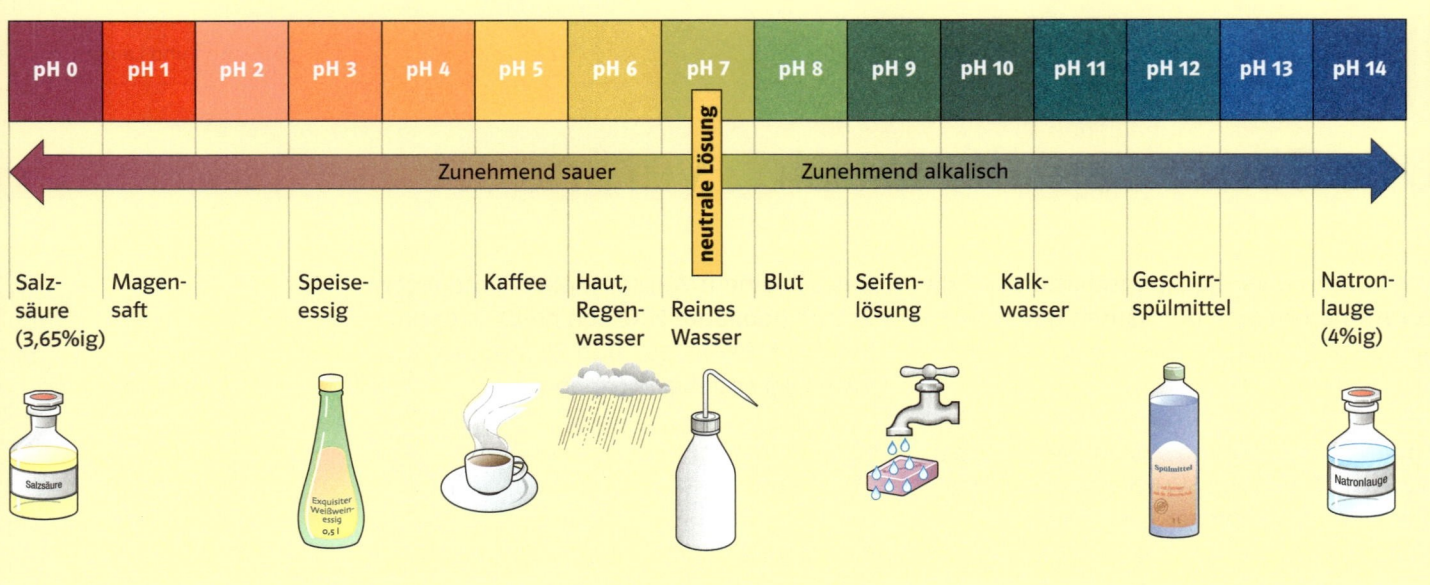

| pH 0 | pH 1 | pH 2 | pH 3 | pH 4 | pH 5 | pH 6 | pH 7 | pH 8 | pH 9 | pH 10 | pH 11 | pH 12 | pH 13 | pH 14 |

neutrale Lösung

Zunehmend sauer ← → Zunehmend alkalisch

Salz-säure (3,65%ig) | Magen-saft | Speise-essig | Kaffee | Haut, Regen-wasser | Reines Wasser | Blut | Seifen-lösung | Kalk-wasser | Geschirr-spülmittel | Natron-lauge (4%ig)

1 Die pH-Werte einiger Lösungen

Der pH-Wert

Mit dem pH-Wert wird eine saure oder alkalische Lösung genauer bestimmt.

pH-Wert einer sauren Lösung

Je saurer eine Lösung ist, desto kleiner ist der pH-Wert und desto mehr H^+-Ionen enthält die Lösung.
Ein Liter einer Lösung mit dem pH-Wert 1 enthält zehnmal so viele H^+-Ionen wie ein Liter einer Lösung mit einem pH-Wert 2. Von pH 7 bis pH 0 steigt die Konzentration der H^+-Ionen auf das 10 000 000-fache an.

pH-Wert einer alkalischen Lösung

Je stärker alkalisch eine Lösung ist, desto größer ist der pH-Wert. So enthält ein Liter einer Lösung mit dem pH-Wert 14 zehnmal so viele OH^--Ionen wie ein Liter der Lösung mit dem pH-Wert 13.

Neutrale Lösungen

Der pH-Wert einer neutralen Lösung ist 7. Eine neutrale Lösung enthält nur wenige, aber gleich viele H^+-Ionen und OH^--Ionen.

Je größer die Konzentration der H^+-Ionen einer Lösung ist, desto niedriger ist ihr pH-Wert und desto saurer ist sie.

Je größer die Konzentration der OH^--Ionen einer Lösung ist, desto größer ist ihr pH-Wert und desto stärker alkalisch ist sie.

AUFGABEN

1 ○ Vervollständige die folgenden Sätze in deinem Heft.
a) Ist der pH-Wert größer als _____ , so liegt eine _____ Lösung vor.
b) Ist der pH-Wert kleiner als _____ , so liegt eine _____ Lösung vor.
c) Ist der pH-Wert der Lösung 7, so liegt eine _____ Lösung vor.

2 ◒ 100 ml Salzsäure, deren pH-Wert 2 beträgt, werden mit destilliertem Wasser auf 1 l verdünnt. Welchen pH-Wert weist die Salzsäure nach der Verdünnung auf? Begründe.

3 ● 100 ml Natronlauge werden mit destilliertem Wasser auf 10 l verdünnt. Vor der Verdünnung ist der pH-Wert 13. Welchen pH-Wert weist die Lösung nach der Verdünnung auf? Begründe.

Der Säurebegriff hat sich verändert

Das Wissen über die Eigenschaften und die Zusammensetzung der Säuren hat sich im Laufe der Geschichte verändert.

Wasserstoff- und Hydroxid-Ionen

Ende des 19. Jahrhunderts entwickelte der dänische Chemiker Svante Arrhenius das Konzept, das du bisher kennengelernt hast. Demnach spalten sich in Wasser die Moleküle von Säuren in Wasserstoff-Ionen H^+ (Kationen) und Säurerest-Ionen (Anionen). Mit dem Vorhandensein dieser Ionen konnte Arrhenius die elektrische Leitfähigkeit saurer Lösungen erklären. Die elektrische Leitfähigkeit von Laugen führte Arrhenius darauf zurück, dass Verbindungen in Wasser in Hydroxid-Ionen OH^- (Anionen) und Metall-Ionen (Kationen) zerfallen. Die Hydroxid-Ionen OH^- sind die Gegenspieler der Wasserstoff-Ionen H^+.

Oxonium-Ionen und das Donator-Akzeptor-Prinzip

Im Jahr 1923 fasst Johannes Nikolaus Brönstedt den Säurebegriff neu: Beim Zerfall des Chlorwasserstoff-Moleküls in Wasser entstehen ein Chlorid-Ion und ein Wasserstoff-Ion. Das Wasserstoff-Ion H^+ ist identisch mit einem Proton. Dieses kleine, positiv geladene Teilchen kommt in wässrigen Lösungen nicht frei vor. Stattdessen findet eine **Protonenübertragung** statt. Das Proton wird in der Lösung sofort von einem Wasser-Molekül gebunden (▷ B1).

Das Wasser-Molekül stellt für die Bindung des Protons ein Elektronenpaar zur Verfügung. Daher wird es auch **Protonen-Akzeptor** (lateinisch: Annehmer) genannt. Die Säure, die das Proton abgibt, heißt **Protonen-Donator** (lateinisch: Geber). Aus diesem Grund spricht man bei dieser Art von Reaktion vom **Donator-Akzeptor-Prinzip**.

(► Chemische Reaktion, S. 112/113)

Das aus einem Wasser-Molekül und einem Proton gebildete H_3O^+-Ion heißt **Oxonium-Ion**. Nach Brönstedt sind Säuren Stoffe, die Protonen abgeben können.

Säuren sind Stoffe, die Protonen H^+ abgeben können (Protonen-Donator). Es findet eine Protonenübertragung auf Wasser statt (Protonen-Akzeptor). Die Protonen bilden mit Wasser-Molekülen Oxonium-Ionen H_3O^+.

AUFGABEN

1 ○ Nenne die Ionen, die nach Arrhenius die Eigenschaften saurer Lösungen bewirken.

2 ◒ Erläutere, wieso ein Wasserstoff-Ion H^+ mit einem Proton identisch ist.

3 ◒ Erkläre, was man unter dem Donator-Akzeptor-Prinzip versteht.

4 ● Stelle für zwei Neutralisationsreaktionen mit H^+-Ionen bzw. mit H_3O^+-Ionen die Reaktionsgleichung auf.

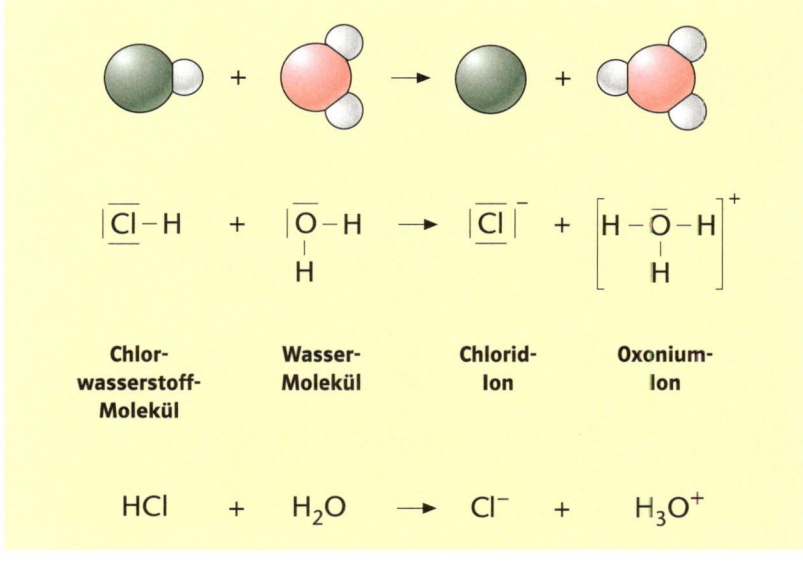

$$|\overline{Cl}-H \quad + \quad |\overline{O}-H \quad \rightarrow \quad |\overline{Cl}|^- \quad + \quad \left[H-\overline{O}-H\right]^+$$

| Chlor-wasserstoff-Molekül | Wasser-Molekül | Chlorid-Ion | Oxonium-Ion |

$$HCl \quad + \quad H_2O \quad \rightarrow \quad Cl^- \quad + \quad H_3O^+$$

1 Ein Chlorwasserstoff-Molekül gibt ein Proton an ein Wasser-Molekül ab.

Zusammenfassung

Indikatoren
Indikatoren sind Farbstoffe, die in sauren, neutralen oder alkalischen Lösungen unterschiedliche Farben zeigen (▷ B1).

Säuren und ihre Eigenschaften
Säuren sind Stoffe, die in wässrigen Lösungen Wasserstoff-Ionen (H^+-Ionen) bilden. Diese sind verantwortlich für die Eigenschaften saurer Lösungen:
– färben Universalindikator rot,
– leiten den elektrischen Strom,
– reagieren mit unedlen Metallen unter Bildung von Wasserstoff,
– reagieren mit Kalk unter Bildung von Kohlenstoffdioxid.

Salzsäure
Salzsäure ist eine wässrige Lösung von Chlorwasserstoff-Gas. Beim Lösen von Chlorwasserstoff-Gas in Wasser bilden sich Wasserstoff-Ionen und Chlorid-Ionen:

$$HCl \longrightarrow H^+ + Cl^-$$

Laugen und ihre Eigenschaften
Laugen sind wässrige Lösungen, die Hydroxid-Ionen (OH^--Ionen) und Metall-Ionen

enthalten. Diese sind verantwortlich für die Eigenschaften alkalischer Lösungen:
– färben Universalindikator blau,
– leiten den elektrischen Strom.

Natronlauge
Natronlauge ist eine wässrige Lösung von Natriumhydroxid. Beim Lösen von Natriumhydroxid in Wasser bilden sich Natrium-Ionen und Hydroxid-Ionen:

$$NaOH \longrightarrow Na^+ + OH^-$$

Neutralisation
Die Neutralisation ist eine chemische Reaktion, bei der die Wasserstoff-Ionen einer sauren Lösung mit den Hydroxid-Ionen einer alkalischen Lösung zu Wasser-Molekülen reagieren:

$$H^+ + OH^- \longrightarrow H_2O$$

Allgemein gilt, dass eine Säure und eine Lauge zu einem Salz und Wasser reagieren:

$$\text{Säure} + \text{Lauge} \longrightarrow \text{Salz} + \text{Wasser}$$

pH-Wert
Der pH-Wert ist ein Maß dafür, ob eine Lösung sauer, neutral oder alkalisch ist. Je größer die Konzentration der H^+-Ionen einer Lösung ist, desto niedriger ist ihr pH-Wert und desto saurer ist sie. Je größer die Konzentration der OH^--Ionen einer Lösung ist, desto größer ist ihr pH-Wert und desto stärker alkalisch ist sie. Bei sauren Lösungen ist der pH-Wert kleiner als 7. Bei pH 7 ist eine Lösung neutral. Bei Laugen ist der pH-Wert größer als 7 (▷ B1).

Oxonium-Ion
Ein Oxonium-Ion (H_3O^+-Ion) entsteht, wenn ein Wasser-Molekül ein Proton (H^+-Ion) von einer Säure aufnimmt.

1 Universalindikator-Papier mit pH-Wert-Skala

AUFGABEN

1 ○ Beschreibe die Farben des Universalindikators, die zeigen, ob eine Lösung alkalisch, sauer oder neutral ist.

👍 Super! ❓ ► S. 34

2 ○ Beschreibe, was geschieht, wenn man einen Spitzer aus Magnesium in Essig legt.

👍 Super! ❓ ► S. 38

3 ○ Gib die Formeln der Teilchen an:
a) Chlorid-Ion
b) Hydroxid-Ion
c) Wasserstoff-Ion
d) Oxonium-Ion
e) Natrium-Ion

👍 Super! ❓ ► S. 41, 49, 57

4 ○ Nenne den Stoff, der bei jeder Neutralisation entsteht und gib seine Formel an.

👍 Super! ❓ ► S. 52/53

5 ◑ Nimm Stellung zu der Aussage: „Säuren sind immer Flüssigkeiten."

👍 Super! ❓ ► S. 36

6 ◑ Beschreibe und erläutere einen Versuch, mit dem du zeigen kannst, dass Muscheln aus Kalk bestehen.

👍 Super! ❓ ► S. 38/39

7 ◑ Laugen und die Lösungen von Säuren und Salzen leiten den elektrischen Strom, Zuckerwasser dagegen nicht. Ziehe eine Schlussfolgerung.

👍 Super! ❓ ► S. 38/39, 48/49

Aus einer Gebrauchsanweisung
für einen Wasserkocher

Bei kalkhaltigem Wasser muss der Wasserkocher in regelmäßigen Zeitabständen entkalkt werden. Verwenden Sie zum Entkalken ein handelsübliches, flüssiges Entkalkungsmittel (keine chemischen Entkalker verwenden) und beachten Sie dabei dessen Gebrauchsanweisung!

Tipp: Bei leichter Verkalkung können Sie auch mit einer Mischung von 5–6 Löffeln Essig auf 0,5 Liter Wasser entkalken. Achtung, kaltes Wasser verwenden! Kann nach der Entkalkerzugabe stark schäumen. Anschließend den Wasserkocher zweimal mit klarem Wasser spülen.

2 Zu Aufgabe 9

8 ◑ Bilde aus den folgenden Bruchstücken vier zentrale Begriffe:
tion – ion – ion – ser – ser – was – was – neu – tra – hydro – stoff – lisa – xid

👍 Super! ❓ ► S. 40, 48/49, 52

9 Wasserkocher können mit der Zeit verkalken. Lies dazu den Text in Bild 2.
◑ a) Erkläre die chemischen Grundlagen des Entkalkens.
◑ b) Begünde, warum zum Entkalken auch Essig eingesetzt werden kann.
● c) Mit einer 5%igen Salzsäure (pH-Wert etwa 0) verläuft das Entkalken wesentlich schneller als mit 5%igem Essig (pH-Wert etwa 2,6). Erkläre.
● d) Nimm Stellung zu der Forderung, „keine chemischen Entkalker" zu verwenden.

👍 Super! ❓ ► S. 38, 56

10 ● Benenne die Säure und die Lauge, die du benötigst, um durch Neutralisation das Salz Kaliumsulfat zu erhalten.

👍 Super! ❓ ► S. 42/43, 50

3 Kunststoffe

- – Woraus werden Kunststoffe hergestellt?

- – Welche verschiedenen Kunststoffe kennst du? Worin unterscheiden sie sich?

- – Welche besonderen Eigenschaften haben Kunststoffe?

- – Welche Abkürzungen für Kunststoffe kennst du?

- – Was passiert mit unseren Kunststoffabfällen?

1 Kunststoffe gibt es in verschiedenen Formen und Farben.

2 Kunststoffe sind Isolatoren.

Eigenschaften von Kunststoffen

Erdöl – zu schade zum Verbrennen

Der größte Teil des Erdöls wird zu Benzin, Diesel und Heizöl verarbeitet, die verbrannt werden, um zu fahren oder zu heizen. Aus nur etwa 5 % des Erdöls werden Kunststoffe erzeugt. Kunststoffe begegnen dir in Joghurtbechern, in der Bekleidung und in vielen weiteren Produkten. Kunststoffe sind aus unserem Leben nicht mehr wegzudenken.

Kunststoffe haben viele Vorteile

Kunststoffe lassen sich einfach und preiswert in eine bestimmte Form bringen. So können daraus maßgeschneiderte Gegenstände wie Armaturenbretter oder Gehäuse von Computern, Flachbildschirmen und Handys produziert werden. Im Gegensatz zu vielen anderen Werkstoffen haben Kunststoffe eine geringe Dichte. Werden beispielsweise Metallteile in Autos durch Teile aus Kunststoff ersetzt, verringert sich das Gewicht und damit der Benzinverbrauch.

Kunststoffe leiten den elektrischen Strom nicht. Sie werden deshalb in elektrischen Geräten als Isolatoren verwendet. Auch die Griffe für Leitfähigkeitsprüfer und die Ummantelung von Kabeln bestehen aus Kunststoffen (▷ B 2).

Gegenüber Witterungseinflüssen wie Wind und Feuchtigkeit sind Kunststoffe äußerst beständig. Manche Kunststoffe zeigen selbst nach jahrelangem Gebrauch nur geringe Abnutzungserscheinungen. Im Gegensatz zu eisenhaltigen Gegenständen rosten Kunststoffe nicht.

Kunststoffe haben auch Nachteile

Viele Kunststoffartikel sind Einmalprodukte. Sie werden nach Gebrauch häufig weggeworfen, statt aufwändig repariert

100 Liter Benzin ← Erdöl → 21 Hemden aus Chemiefasern und + 1 Autoreifen und + 4 Bierkisten und + 6 Mülltonnen aus Kunststoff und + 200 Strumpfhosen

3 Erdöl – Energieträger oder Rohstoff?

oder gesäubert zu werden. Da Kunststoffe nicht natürlich abgebaut werden, reichern sie sich in Flüssen und Ozeanen an, wo sie von Meeresbewohnern in die Nahrungskette eingebaut werden. Ein weiterer Nachteil vieler Kunststoffe ist ihre niedrige Schmelztemperatur (▷ B 5). Manche Kunststoffsorten verbrennen sehr leicht, dabei können giftige Gase entstehen.

Wenn unsere Handys oder beschichteten Pfannen verkratzt sind, bemängeln wir auch, dass Kunststoffe nicht immer kratzfest sind (▷ B 4). Darüber hinaus können manche Kunststoffe von Lösungsmitteln wie z. B. einem Nagellackentferner angegriffen werden. Viele Chemikalien darf man deshalb nur in Glasbehältern aufbewahren. Lagert man Kunststoffe lange im Freien, so können sie an Farbintensität verlieren und spröde werden.

Viele Kunststofffasern laden sich elektrostatisch auf. Dies merkst du daran, dass dir plötzlich die „Haare zu Berge stehen", wenn du einen Pullover aus Kunststofffasern über den Kopf ziehst. Auch manche Teppichböden laden sich auf und ziehen Staubteilchen an. Um dies zu verhindern, werden Antistatikfasern eingewoben, die der elektrischen Aufladung entgegen wirken.

5 Mülltonnen sind nicht hitzebeständig.

Vorteile der Kunststoffe sind die gute Verformbarkeit, die geringe Dichte, die Beständigkeit gegenüber Wasser und Luft und ihre Eigenschaft als elektrische Isolatoren.

Nachteile der Kunststoffe sind die Unbeständigkeit gegenüber Hitze, Licht und verschiedenen Lösungsmittel, die Kratzempfindlichkeit und die schlechte Abbaubarkeit in der Umwelt.

AUFGABEN

1 ○ Nenne Beispiele für elektrische Geräte, in denen Kunststoffe als Isolatoren verwendet werden.

2 ○ a) Betrachte deine Umgebung im Umkreis von einigen Metern. Zähle alle Gegenstände aus Kunststoff auf.
◐ b) Erläutere, welche Eigenschaften für diese Gegenstände wichtig sind.

3 ◐ Verdeutliche einige Vorteile und Nachteile der Kunststoffe am Beispiel eines Handygehäuses und einer Fleecejacke.

4 ● Beurteile, welche Eigenschaften der Kunststoffe in einem Auto von Vorteil sind.

5 ● Bei der Verbrennung einer Tragetasche aus Kunststoff entstehen Kohlenstoffdioxid und Wasser. Formuliere eine Vermutung, aus welchen Elementen Kunststoffe aufgebaut sind.

4 Beschichtete Pfannen sind nicht kratzfest.

Wir untersuchen Kunststoffe

Schwimmt er oder schwimmt er nicht?

Material
Schutzbrille, 2 Bechergläser (250 ml), Tiegelzange, Kunststoffproben aus Polyethen (PE), Polypropen (PP), Polystyrol (PS), Polyvinylchlorid (PVC), Glycerin ($w = 85\,\%$), Wasser

Versuchsanleitung
Fülle das erste Becherglas zu zwei Dritteln mit Wasser und das zweite Becherglas zu zwei Dritteln mit Glycerin. Gib auf die Flüssigkeiten die Kunststoffproben und beobachte, ob die Proben schwimmen, schweben oder in den Flüssigkeiten langsam oder rasch absinken („Schwimmverhalten").

Auswertung

O **A1** Notiere die Beobachtungen in der Tabelle.

◐ **A2** Gib die Dichten der Kunststoffe im Vergleich zu Wasser (Dichte: $1,00\ \text{g/cm}^3$) und Glycerin ($w = 85\,\%$) (Dichte: $1,23\ \text{g/cm}^3$) an.

Kunststoffprobe	PE	PP	PS	PVC
Schwimmverhalten in Wasser				
Schwimmverhalten in Glycerin				
Dichte im Vergleich				

Verhalten bei Erwärmen

Material
Schutzbrille, Becherglas (250 ml), 2 Tiegelzangen, Thermometer, Kunststoffproben (Stück einer Plastiktüte, Stück Einmachgummi, Stück eines Joghurtbechers, Stück einer Steckdosenabdeckung), heißes Wasser (80 °C)

Versuchsanleitung
Fülle das Becherglas mit dem heißen Wasser. Halte deine Kunststoffprobe mindestens 30 Sekunden lang mit der Tiegelzange in das heiße Wasser. Versuche danach, die Probe mit Hilfe der zweiten Tiegelzange zu verformen.

Beobachtung

O **A3** Beschreibe deine Beobachtungen.

Erdöl – Rohstoff für Kunststoffe

Aus Erdöl werden viele Stoffe gewonnen, die unser tägliches Leben bestimmen (▷ B 3). Aus nur 5 % des Erdöls werden Kunststoffe hergestellt.

Von der Destillation über das Cracken zu kleinen Molekülen

In einem ersten Schritt wird in einer Erdölraffinerie eine Destillation des Rohöls durchgeführt. Dabei gewinnt man auch Benzin, das z. B. Hexan, Heptan, Octan und weitere Kohlenwasserstoffe enthält (▷ B 3). Aus langkettigen Molekülen werden durch Aufspalten größerer Moleküle kleine Moleküle mit C=C-Doppelbindungen hergestellt. Im Englischen heißt dieser Vorgang Cracken. Er läuft unter hohem Druck, hohen Temperaturen und mit Katalysatoren ab. Dabei kann man z. B. aus Octan Ethen und Propen gewinnen (▷ B 2). Man kann auch deutlich langkettigere Moleküle als Octan-Moleküle cracken.

Alkene, Ausgangsstoffe für Kunststoffe

Die Ethen-Moleküle und die Propen-Moleküle bestehen ausschließlich aus Kohlenstoff- und Wasserstoff-Atomen. Sie

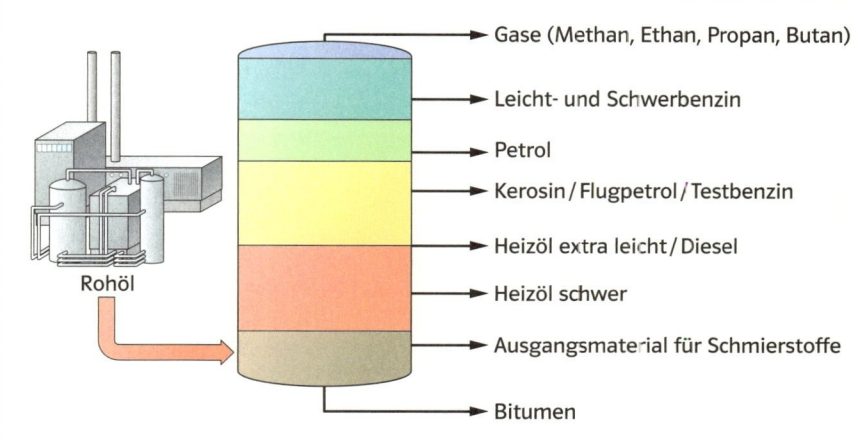

Gase (Methan, Ethan, Propan, Butan)

Leicht- und Schwerbenzin

Petrol

Kerosin / Flugpetrol / Testbenzin

Heizöl extra leicht / Diesel

Heizöl schwer

Ausgangsmaterial für Schmierstoffe

Bitumen

Rohöl

3 Ausgangsstoff für viele Produkte

besitzen zwischen zwei C-Atomen eine Doppelbindung. Ethen und Propen sind die ersten beiden Glieder der Alkene. Die Alkene bilden wie die Alkane eine homologe Reihe. Die allgemeine Summenformel der Alkene ist C_nH_{2n}. Aus Ethen kann man durch Polymerisation Polyethen, aus Propen Polypropen herstellen.

AUFGABEN

1 ⊖ Erläutere den Unterschied zwischen Alkan-Molekülen und Alken-Molekülen.

2 ⊖ Formuliere eine Reaktionsgleichung mit Strukturformeln zur Gewinnung von Ethen und Propen aus Decan.

3 ● Recherchiere, warum man die Alkene zu den ungesättigten Kohlenwasserstoffen zählt.

1 Eingefärbte Kunststoffgranulate

Octan C_8H_{18} → Ethen C_2H_4 + Propen C_3H_6 + Propan C_3H_8

2 Durch Cracken kann man langkettige Moleküle in kürzere Moleküle aufspalten.

Kunststoffe durch Polymerisation

Die Moleküle der Kunststoffe sind aus mehreren hunderttausend Atomen aufgebaut. Man bezeichnet solche Moleküle als **Makromoleküle**. Ihre Molekülmassen können bis zu 100 000 u betragen.

Vom Monomer zum Polymer

Bei der Herstellung von Kunststoffen werden aus vielen kleineren Molekülen eines Stoffes, den **Monomeren**, lange Kettenmoleküle gebildet. Solche Kettenmoleküle nennt man **Polymere**. Die Polymerketten können untereinander verbunden sein. Dies führt zu den unterschiedlichen Eigenschaften der Kunststoffe.

Ein Polymer aus Ethen

Ethen C_2H_4 ist ein gasförmiger Kohlenwasserstoff. Häufig wird Ethen noch als Ethylen bezeichnet. Erdöl ist der Ausgangsstoff für die Herstellung von Ethen. Im Ethen-Molekül sind die beiden Kohlenstoff-Atome mit einer Doppelbindung verbunden. Durch Zugabe eines Katalysators brechen die Doppelbindungen der Ethen-Moleküle auf. Sie verknüpfen sich dann zu einer langen Kette (▷ B 1). Es entsteht **Polyethen (PE)**.

Nach diesem Reaktionstyp verbinden sich viele Monomere. Man nennt diese chemische Reaktion **Polymerisation**.

Kunststoffe bestehen aus Makromolekülen. Sie heißen auch Polymere. Die Bausteine der Polymere sind Monomere. Bei der Polymerisation reagieren viele Monomere mit Doppelbindungen zu einem Polymer mit Einfachbindungen.

AUFGABEN

1 ○ Nenne das Merkmal, das ein Kohlenwasserstoff-Molekül aufweisen muss, damit es als Monomer für die Polymerisation in Frage kommt.

2 ◔ Erkläre den Unterschied zwischen Monomeren und Polymeren.

3 ● Bild 1 zeigt die Polymerisation von Ethen zu Polyethen. Formuliere die entsprechende Reaktion für die Bildung von Polypropen (PP) aus Propen.

VERSUCH

1ᴸ Man gibt in ein Becherglas 20 ml Styrol und 2 g Dibenzoylperoxid und erwärmt ca. 5 Minuten im Sandbad, bis das Gemisch zähflüssig wird. Man entfernt das Sandbad und zieht aus dem Reaktionsprodukt mit einem Glasstab Fäden.

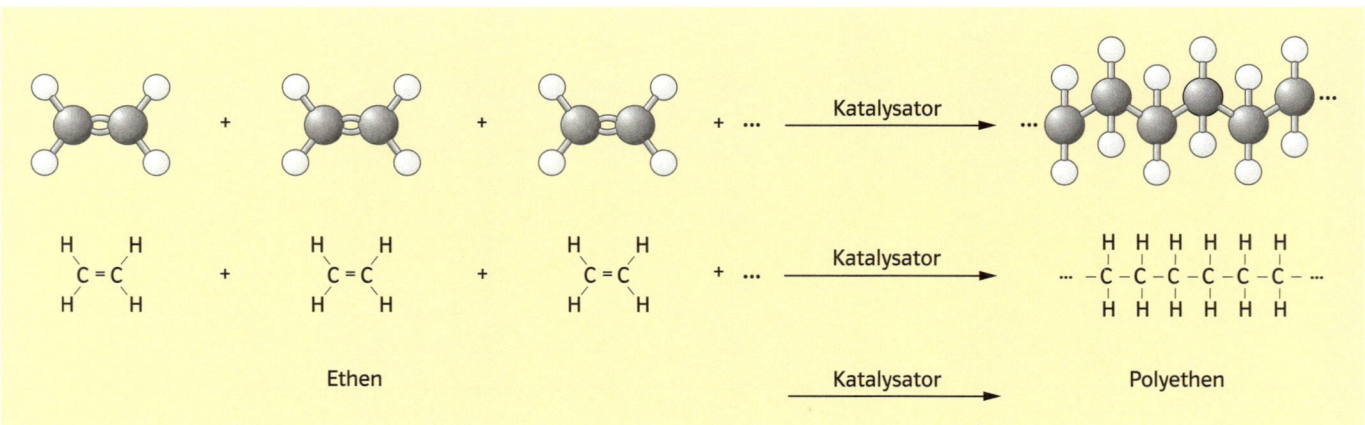

1 Polymerisation: Aus Ethen entsteht Polyethen.

Makromoleküle durch Polymerisation

○ **A1** Im Folgenden ist die Reaktionsgleichung für Polyethen dargestellt. Fülle die Lücken im Lückentext aus.

$$\underset{\text{Monomer}}{\overset{\displaystyle \overset{H}{\underset{H}{C}} = \overset{H}{\underset{H}{C}}}{}} \; + \; \underset{\text{Monomer}}{\overset{\displaystyle \overset{H}{\underset{H}{C}} = \overset{H}{\underset{H}{C}}}{}} \; + \; \underset{\text{Monomer}}{\overset{\displaystyle \overset{H}{\underset{H}{C}} = \overset{H}{\underset{H}{C}}}{}} \; + \; \text{...} \longrightarrow \; \underset{\text{Polymer}}{\text{... } \overset{H\;H\;H\;H\;H\;H}{\underset{H\;H\;H\;H\;H\;H}{C\;C\;C\;C\;C\;C}} \text{ ...}}$$

Ethen ist ein _____. Viele Ethen-Moleküle können ein _____ bilden. Ein Ethen-Molekül

weist eine _____ auf. Ethan-Moleküle bilden keine Polymerketten, weil das

Ethan-Molekül keine _____ aufweist.

◐ **A2** Polyvinylchlorid (PVC) ist ein Kunststoff, aus dem Fensterprofile und Fußbodenbeläge hergestellt werden. Polyvinylchlorid wird durch Polymerisation aus Vinylchlorid (Chlorethen) gewonnen. Formuliere die Reaktion für die Bildung von PVC aus Polyvinylchlorid mit Strukturformeln.

Strukturformel von Chlorethen: $\overset{\displaystyle \overset{H}{\underset{H}{C}} = \overset{H}{\underset{Cl}{C}}}{}$

```
┌──────────────────────────────────────────────────────────────────────┐
│                                                                        │
│                                                                        │
│                                                                        │
│                                                                        │
│                                                                        │
└──────────────────────────────────────────────────────────────────────┘
```

● **A3** Stelle zu den folgenden Summenformeln die Strukturformeln auf. Welche Moleküle eignen sich für eine Polymerisation? Begründe.

Summenformeln: a) C_3H_8, b) C_2H_4, c) C_2H_3Cl, d) C_2H_6, e) C_3H_6.

```
┌──────────────────────────────────────────────────────────────────────┐
│                                                                        │
│                                                                        │
│                                                                        │
│                                                                        │
│                                                                        │
└──────────────────────────────────────────────────────────────────────┘
```

_____

_____

_____

_____

Struktur und Eigenschaften

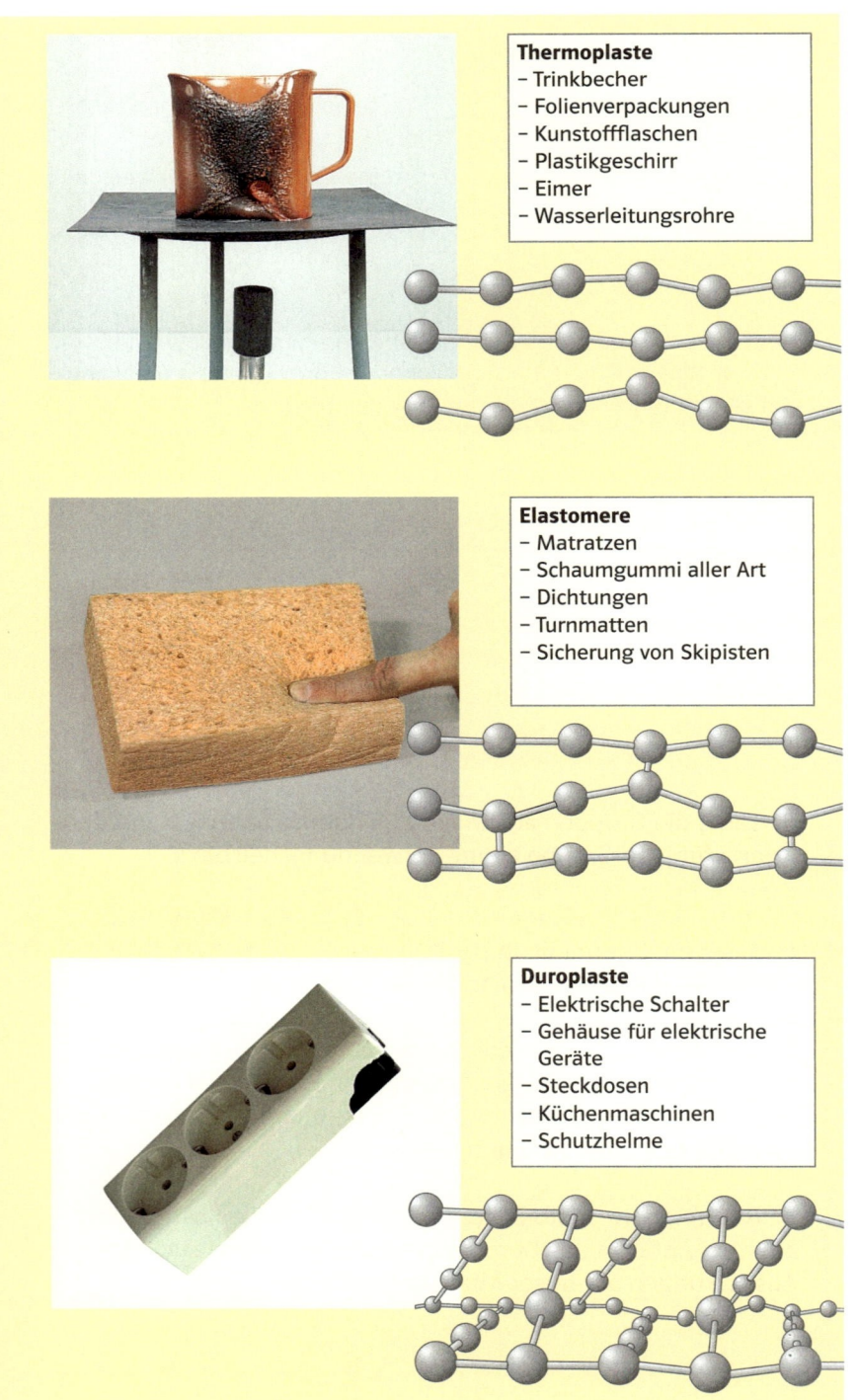

Thermoplaste
- Trinkbecher
- Folienverpackungen
- Kunstoffflaschen
- Plastikgeschirr
- Eimer
- Wasserleitungsrohre

Elastomere
- Matratzen
- Schaumgummi aller Art
- Dichtungen
- Turnmatten
- Sicherung von Skipisten

Duroplaste
- Elektrische Schalter
- Gehäuse für elektrische Geräte
- Steckdosen
- Küchenmaschinen
- Schutzhelme

1 – 3 Thermoplaste verformen sich in der Wärme.
Elastomere kehren nach Druck in ihre Form zurück.
Duroplaste sind nicht verformbar, sondern zerbrechen bei hohem Druck.

Einteilung der Kunststoffe

Kunststoffe verhalten sich unterschiedlich: Ein Joghurtbecher schmilzt beim Erwärmen und verformt sich. Ein Steckdosengehäuse ist hart und spröde und zersetzt sich bei Hitze. Matratzen aus Kunststoff sind elastisch. Aufgrund ihres unterschiedlichen Verhaltens gegenüber Wärme und Druck fasst man die Kunststoffe in drei Gruppen zusammen: **Thermoplaste**, **Elastomere** und **Duroplaste**.

Thermoplaste erweichen beim Erwärmen

Kunststoffe, die sich bei Wärme verformen, nennt man Thermoplaste. Das Verhalten der Thermoplaste kann man mit der Anordnung der langen, kettenförmigen Moleküle im Kunststoff erklären: Da die Polymere nebeneinander vorliegen, können sie beim Erwärmen aneinander vorbeigleiten. Beim Erkalten beginnen die ursprünglichen Kräfte wieder zu wirken und der Kunststoff bleibt in seiner neuen Form. Thermoplaste kann man durch Erhitzen immer wieder neu verformen oder umschmelzen.
Zu den am häufigsten verwendeten Thermoplasten zählen Polyethen (PE) und Polystyrol (PS). Aufgeschäumtes Polystyrol heißt auch Styropor®. Verwendungsmöglichkeiten von Thermoplasten findest du in Bild 1.

Elastomere sind elastisch wie Gummi

Elastomere sind elastische Kunststoffe. Wenn man sie auseinanderzieht oder zusammendrückt, nehmen sie anschließend wieder ihre Ausgangsform an. Beim Erhitzen zersetzen sich die meisten Elastomere. In Bild 2 sind typische Beispiele dieser Kunststoffgruppe aufgeführt.
Im Gegensatz zu den Thermoplasten sind die kettenförmigen Moleküle der Elastomere an einigen Stellen miteinander vernetzt. Im ungedehnten Zustand liegen die Moleküle ungeordnet und als „Knäuel" vor. Zieht man ein Elastomer auseinander, so werden die Knäuel entzerrt und maximal

4 Heiße Teller bringen ein Tablett nicht zum Schmelzen.

gestreckt. Lässt die Krafteinwirkung nach, so ziehen sich die Knäuel aufgrund der Vernetzungen wieder zusammen.

Duroplaste sind hart und spröde
Fällt ein Tablett aus Kunststoff auf den harten Boden, so kann es zerbrechen. Heiße Teller bringen es jedoch nicht zum Schmelzen. Kunststoffe, die spröde sind, sich nicht verformen lassen und sich bei hohen Temperaturen zersetzen, nennt man Duroplaste. In Duroplasten sind die Molekülketten über Atombindungen dreidimensional miteinander verknüpft. Dieses engmaschige Molekülnetz kann sich bei Erwärmen nur wenig bewegen. Bei hohen Temperaturen werden Atombindungen gespalten. Der Kunststoff zersetzt sich. Zu den Duroplasten zählen Kunstharze, wie zum Beispiel Epoxidharze, die als Klebstoff Verwendung finden. Weitere Verwendungsbeispiele von Duroplasten sind in Bild 3 aufgelistet.
(► Struktur und Eigenschaften, S. 108/109)

Thermoplaste lassen sich durch Erwärmen verformen, da die Kettenmoleküle aneinander vorbeigleiten.

Elastomere nehmen nach Zug oder Druck wieder ihre ursprüngliche Form an. Sie bestehen aus weitmaschig vernetzten Kettenmolekülen.

Duroplaste lassen sich beim Erwärmen nicht verformen. Sie bestehen aus stark vernetzten Kettenmolekülen.

AUFGABEN

1 ○ Zähle die Gruppen auf, in die Kunststoffe unterteilt werden. Nenne für jede Gruppe einige Verwendungsbeispiele.

2 ◐ Ordne folgende Gegenstände den einzelnen Kunststoffgruppen zu: Gummidichtung, Kunststofftablett, Plastikeimer, Joghurtbecher, Softdrinkflasche, Taucheranzug.

3 ◐ Erkläre das unterschiedliche Verhalten von Kunststoffen mithilfe ihres molekularen Aufbaus. Nimm dazu Wollfadenstücke und ordne sie dem Aufbau entsprechend an. Klebe die Anordnung in dein Heft und beschrifte sie.

4 ● Begründe, weshalb Recycling nur bei Thermoplasten, nicht aber bei Abfällen aus Duroplasten gelingt. Erkläre auch die Auswirkungen auf unser Mülltrennverhalten.

VERSUCH

1 Prüfe verschiedene Kunststoffproben durch Zusammendrücken mit der Hand. Lege eine thermoplastische und eine duroplastische Probe auf eine Ceranplatte und erhitze mit der nicht leuchtenden Brennerflamme. (Abzug!)

69

Monomere mit funktionellen Gruppen

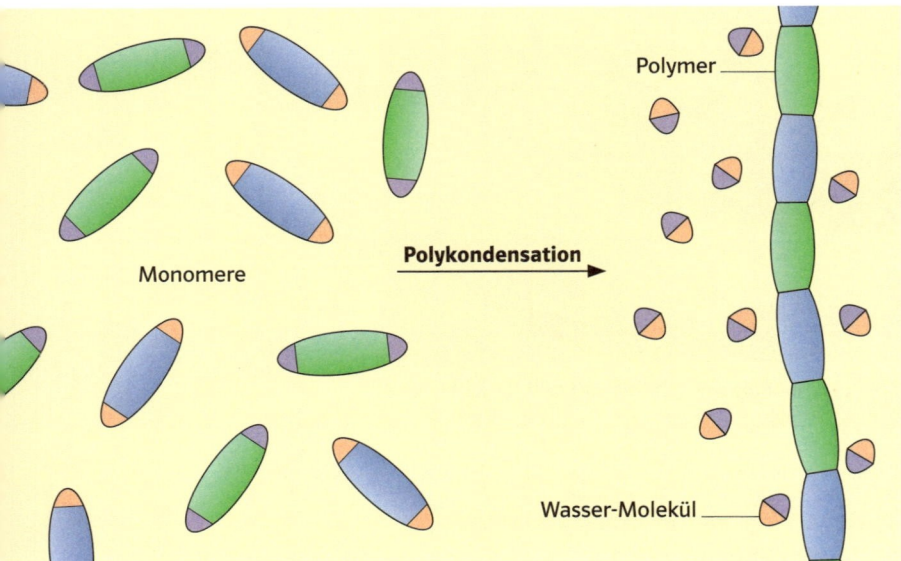

1 Die Polykondensation im Modell

Man kann Polymere aus kleinen Molekülen mit C=C-Doppelbindungen durch eine Polymerisationsreaktion herstellen. Alkohole und Carbonsäuren können **Ester** bilden. Alkohole weisen die Hydroxy-Gruppe und Carbonsäuren die Carboxy-Gruppe auf.

Polyester

Ein Ester entsteht, wenn ein Alkohol-Molekül mit einem Carbonsäure-Molekül reagiert. Dabei spaltet sich auch ein Wasser-Molekül ab. Man nennt diese Reaktion eine **Kondensationsreaktion**. Zur Herstellung der **Polyester** benötigt man Alkohole und Carbonsäuren, deren Moleküle jeweils zwei funktionelle Gruppen tragen (▷ B 2). (► Chemische Reaktion, S. 112/113)

PET – ein Polyester

Einem Polyester, dem du häufig begegnest, ist **PET** (Polyethylenterphthalat). PET wird zur Herstellung von Getränkeflaschen und Verpackungsfolien verwendet. Es wird jedoch auch zu Textilfasern verarbeitet. Die Fasern sind wasserabweisend, reißfest und knitterfrei und eignen sich deshalb besonders für Sportbekleidung, die schnell trocknen und belastbar sein muss.

Herstellung von PET

PET wird aus den Monomeren Ethandiol und Terephthalsäure hergestellt. Ethandiol ist ein Alkohol mit zwei Hydroxy-Gruppen (OH-Gruppen). Terephthalsäure besitzt zwei Carboxy-Gruppen (COOH-Gruppen). In einer Kondensationsreaktion verbindet sich ein Ethandiol-Molekül mit einem Molekül Terephthalsäure. Dabei enstehen ein Ester-Molekül und ein Wasser-Molekül. Da beide Monomere jedoch jeweils zwei funktionelle Gruppen besitzen, reagiert das Ester-Molekül mit weiteren Monomeren unter Wasserabspaltung. Durch diese Polykondensationreaktion entsteht eine lange Polymerkette (▷ B 1).

Polyurethane

Die Sohle eines Sportschuhs sollte sehr gute Dämpfungseigenschaften haben, damit die Gelenke beim Spurten und Abbremsen geschont werden. Die Sohle sollte die Füße auch gegen zu große Hitze oder Kälte schützen. Die Sohlen in Sportschuhen sind meist aus geschäumtem

2 Bildung eines Polyesters aus Ethandiol und Ethandisäure

3 Fußballschuhe mit Sohle aus Polyurethan

4 Polyurethan-Schaum füllt Lücken.

Polyurethan. Die Luft im Schaum isoliert und schützt vor Wärme und Kälte. Polyurethane können mit sehr unterschiedlichen Eigenschaften hergestellt werden. Sie können hart und spröde, aber auch weich und elastisch sein. Als weichen Schaumstoff findet man Polyurethane in Matratzen und Polstern. Harte Schaumstoffe verarbeitet man beispielsweise zu Dämmplatten und Isoliermaterial.

Polyurethane durch Polyaddition

Polyurethane werden durch eine **Polyadditionsreaktion** hergestellt. Für diese Reaktion werden zwei unterschiedliche Monomere miteinander vermischt, die sich im Wechsel miteinander verbinden. Dabei entstehen langkettige Makromoleküle. Schaumstoffe stellt man aus verzweigten Monomeren her. Der schaumartige Aufbau entsteht, wenn bei einer zusätzlichen Reaktion Kohlenstoffdioxid gebildet wird oder man Luft zuführt.

Monomere mit mehreren funktionellen Gruppen reagieren in einer Polykondensationsreaktion oder einer Polyadditionsreaktion zu Polymeren.

Polyester oder Polyurethane können Thermoplaste, Duroplaste oder Elastomere sein.

1 ○ Beschreibe, warum eine Schuhsohle aus geschäumtem Polyurethan sowohl gegen Hitze als auch Kälte schützen kann.

2 ⊖ Ergänze den folgenden Satz durch Einsetzen des Fachbegriffs (Thermoplast, Elastomer, Duromer). Wenn bei einer Polykondensation zwei Monomere mit jeweils zwei funktionellen Gruppen reagieren, so enteht ein ...

3 ● Formuliere entsprechend Bild 2 die Reaktionsgleichung für die Reaktion von Ethandiol und Butandisäure.

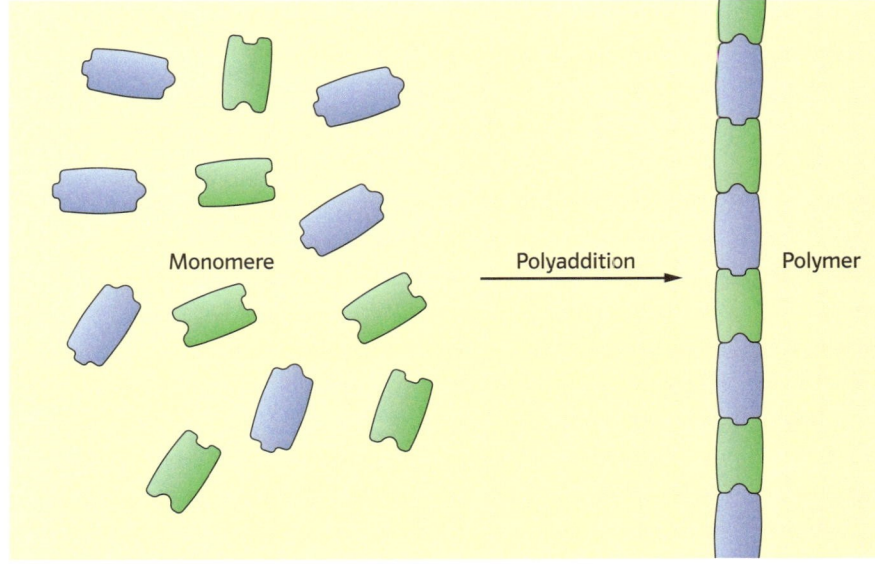

5 Die Polyaddition im Modell

Wir stellen einen Polyester her

Material

Schutzbrille, Waage, Gasbrenner, Reagenzglas, Reagenzglasgestell, Spatel, Messpipette (5 ml), Adsorptionsstopfen (mit Aktivkohle gefüllt), Watesmo-Papier, Glycerin ($w \approx 87$ %), Butandisäure (Bernsteinsäure)

Butandisäure
(Bernsteinsäure)

Versuchsanleitung

a) Gib in ein Reagenzglas 1 ml Glycerin und anschließend 3,5 g Butandisäure. Verschließe das Reagenzglas mit dem Adsorptionsstopfen.

b) Erhitze den Reagenzglasinhalt etwa eine halbe Minute vorsichtig mit der nicht leuchtenden Flamme. Halte dabei das Reagenzglas fast waagerecht und schüttle das Reagenzglas ein wenig während des Erhitzens. Beende das Erhitzen, sobald du im Reagenzglas eine deutliche Veränderung beobachtest.

c) Hänge einen Streifen Watesmo-Papier in das Reagenzglas.

Propantriol
(Glycerin)

Beobachtung

_____

_____

_____

_____

_____

_____

Auswertung

○ **A1** Benenne die funktionellen Gruppen der Moleküle der Ausgangsstoffe.

_____

_____

◑ **A2** Woran kannst Du erkennen, dass eine Kondensationsreaktion abgelaufen ist? Erläutere.

_____

_____

● **A3** Können aus Butandisäure und Propantriol Thermoplaste, Duroplaste oder Elastomere hergestellt werden? Begründe deine Entscheidung.

_____

_____

_____

Makromoleküle in Natur und Technik

1 Baumwolle, eine pflanzliche Faser

2 Seide, eine „tierische" Faser

3 Polyamid, eine Kunstfaser

Nicht nur Kunststoffe bestehen aus Makromolekülen. Es gibt auch natürliche Makromoleküle.

Baumwolle
Baumwolle ist eine pflanzliche Faser, die aus Samenfäden der Baumwollpflanzen gewonnen wird. Sie besteht aus dem Makromolekül Cellulose. Die etwa 4 cm langen Samenhaare werden in Spinnereien zu einem zusammenhängenden Faden versponnen. Die Fäden werden dann zu Stoffbahnen verwoben (▷ B 1).

Wolle und Seide
Wolle kann aus den Haaren z. B. von Schafen und Ziegen hergestellt werden. Sie besteht aus Eiweißfasern. Die teuersten Fasern, aus denen Textilien hergestellt werden, sind aus Seide (▷ B 2). Seide wird in aufwändiger Arbeit aus dem Kokon der Seidenraupe gewonnen.

Stärke
Stärke ist ein natürliches Makromolekül, das spiralförmige Kettenmoleküle bildet. Diese Form bezeichnet man als Helix. Gibt man zu Stärke eine Iod-Kaliumiodid-Lösung, werden die Iodid-Ionen in die Hohlräume der Helix eingelagert. So entsteht eine Blaufärbung, die als Nachweis für Stärke dient.

Polyamide
Perlon® und Nylon® sind Markennamen von künstlich hergestellten Polyamid-Fasern (▷ B 3). Diese Fasern sind reißfester und scheuerfester als Naturfasern. Schmilzt man ein Körnchen Polyamid, so kann man mit einem Holzspan einen Faden herausziehen. Bei der Herstellung der Fäden wird deshalb zuerst das Granulat produziert, das dann später zu Fäden weiterverarbeitet wird.

AUFGABEN

1 ⊖ Begründe, weshalb Makromoleküle für die Herstellung von Fasern geeignet sind.

2 ⊖ Stelle Vermutungen an, wo Polyamid-Fasern zum Einsatz kommen.

3 ● Recherchiere den chemischen Aufbau von Cellulose und Stärke und begründe, weshalb der Stärke-Nachweis mit Cellulose negativ verläuft.

Verarbeitung von Kunststoffen

Viele Haushaltsprodukte werden aus Thermoplasten hergestellt. Thermoplaste lassen sich beim Erwärmen verformen.

Verarbeitung mit einem Extruder

Das Ausgangsmaterial für einen thermoplastischen Gegenstand ist meist ein grobes Kunststoffpulver, das Granulat. Im ersten Schritt wird das Granulat mit Farbstoffen, Weichmachern und Stabilisatoren vermengt. Weichmacher senken die Schmelztemperatur und erleichtern die Verarbeitung. Stabilisatoren wirken Abnutzungserscheinungen entgegen. In einem weiteren Schritt wird das Gemisch geschmolzen und verdichtet (▷ B1 oben). Im Inneren des Extruders transportiert eine Schnecke die geschmolzene Masse zu einer Düse. Je nach Form des Werkzeugs können Rohre, Platten, Schläuche, Schüsseln oder Folien hergestellt werden (▷ B1).

Duroplaste und Elastomere

Gegenstände aus Duroplasten oder Elastomeren werden aus unvernetzten Vorprodukten hergestellt. Diesen Vorprodukten setzt man nach Bedarf Füllstoffe und Farbstoffe zu. Das Gemisch bringt man in die gewünschte Form. Unter Einfluss von Wärme oder Zusatz eines Katalysators bildet sich der Gegenstand.

AUFGABEN

1 ⊖ Ordne die folgenden Kunststoffprodukte begründet den Herstellungsverfahren zu (▷ B1): a) Eimer, b) Müllbeutel.

2 ⊖ Fasse die Verarbeitung thermoplastischer Kunststoffe in drei Schritten zusammen.

3 ● Sammle Informationen zu Weichmachern in Kinderspielzeug.

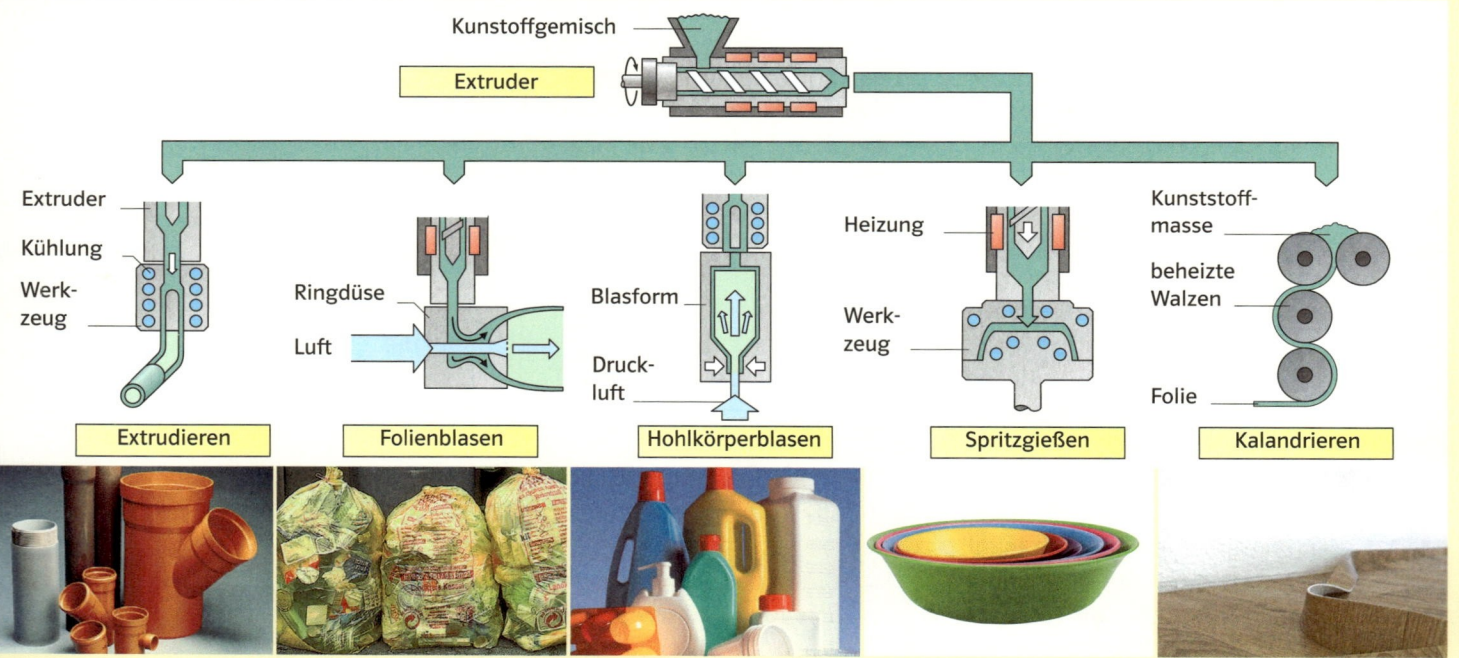

1 Verarbeitungsverfahren von thermoplastischen Kunststoffen

Erweitere deine Kenntnisse über Kunststoffe

Herstellung einer Stärkefolie
Heute kann man z.B. Joghurtbecher oder Lebensmittelfolien aus Stärke gewinnen. Kunststoffe aus Stärke haben den Vorteil, dass sie biologisch abbaubar sind, sie können also auf den Kompost gegeben werden. Stärke ist ein nachwachsender Rohstoff.

Material
Schutzbrille, Trockenschrank, Waage, Gasbrenner, Dreifuß, Keramik-Drahtnetz, Becherglas (250 ml), Wasserbad (400 ml), Messzylinder (25 ml), Messpipette (5 ml) Uhrglas, Glasstab, Spatel, Schüssel aus PE, Kartoffelstärke, Glycerin (w = 50 %)

Versuchsanleitung
a) Trockne etwa 4 g Kartoffelstärke im Trockenschrank.
b) Gib 2,5 g der getrockneten Kartoffelstärke zu 20 ml Wasser und 2 ml Glycerin. Decke das Becherglas mit dem Uhrglas ab und koche das Gemisch mindestens 15 Minuten im Wasserbad. Rühre mit dem Glasstab ab und zu um. Gieße das Gel anschließend auf eine umgedrehte Schüssel. Lass die Folie einen Tag lang trocknen, dann kannst du sie von der Unterlage abziehen.

○ **A1** Nenne einige Pflanzen, aus denen man Stärke gewinnen kann.

● **A2** Löse das Rätsel.

1 Ausgangsmolekül mit drei C-Atomen für ein Makromolekül
2 Rohstoff für Kunststoffe
3 Kleine Körner aus Thermoplasten
4 Die Abkürzung ist PS
5 Lassen sich durch Erwärmen verformen
6 Ausgangsstoff für viele Kunststoffe
7 Großes Molekül

8 Trennverfahren
9 Reaktionsbeschleuniger
10 Duroplaste sind es
11 Elastisch wie Gummi
12 Eigenschaft, die Kunststoffe leicht machen
13 Lange Kettenmoleküle
14 Baustein für Makromoleküle   Ö = OE / Ü = UE

Lösungswort

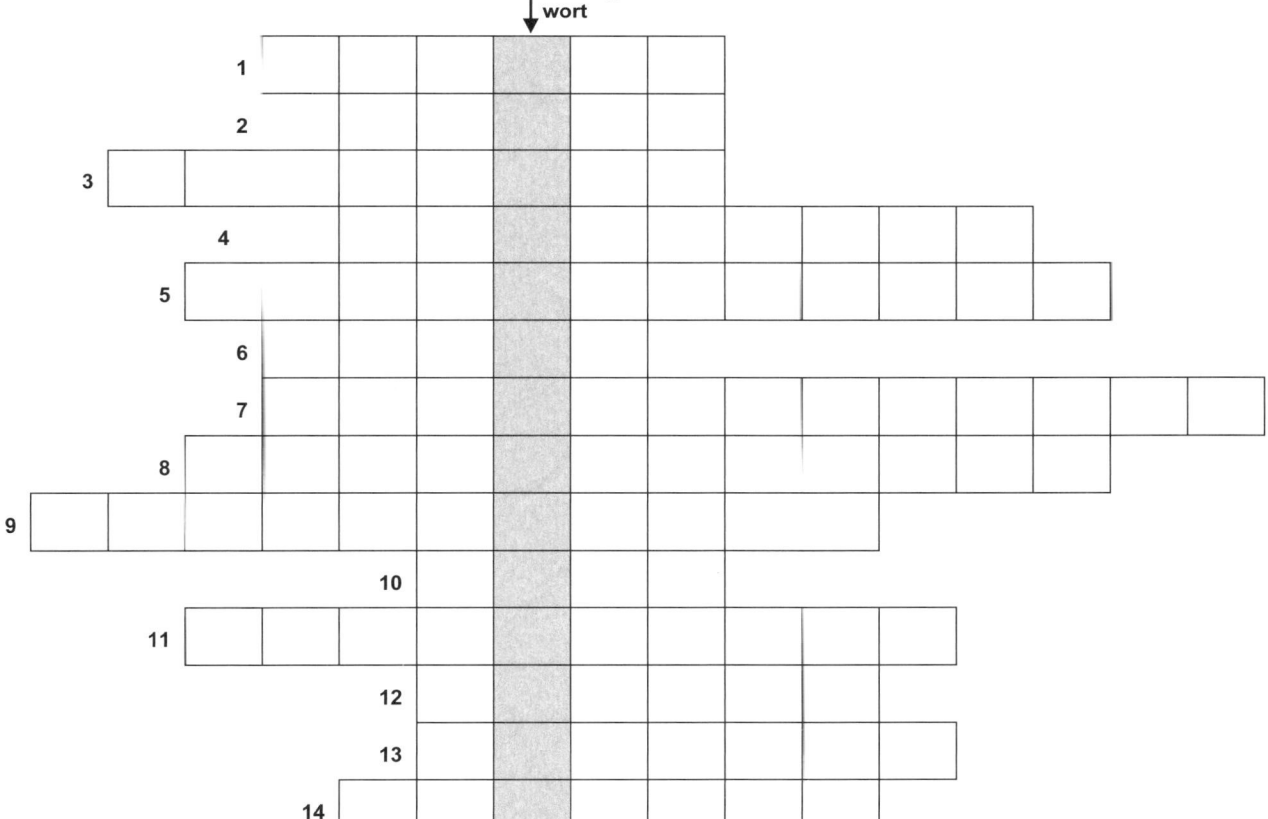

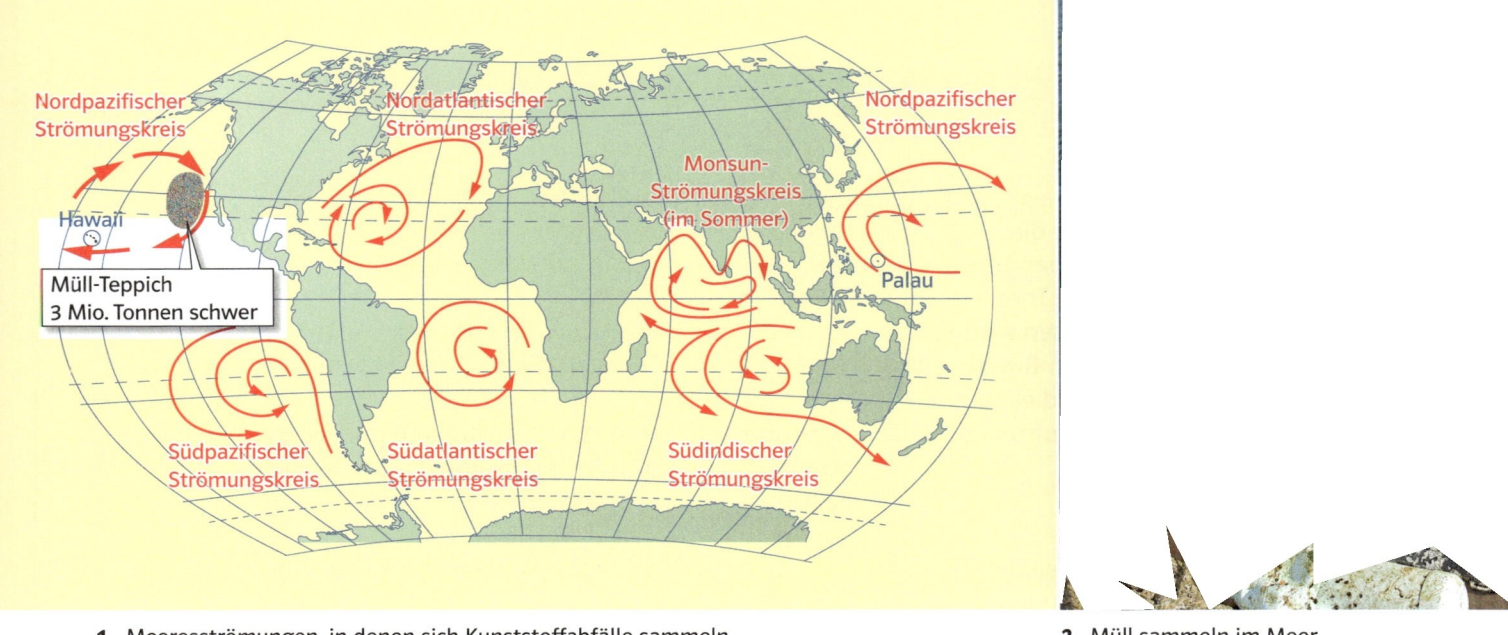

Nordpazifischer Strömungskreis

Nordatlantischer Strömungskreis

Nordpazifischer Strömungskreis

Monsun-Strömungskreis (im Sommer)

Hawaii

Palau

Müll-Teppich 3 Mio. Tonnen schwer

Südpazifischer Strömungskreis

Südatlantischer Strömungskreis

Südindischer Strömungskreis

1 Meeresströmungen, in denen sich Kunststoffabfälle sammeln

2 Müll sammeln im Meer

Verwertung von Kunststoffmüll

Müllstrudel im Pazifik

Am 21. März 2010 brach DAVID MAYER DE ROTHSCHILD mit seiner Crew auf einem Katamaran aus Plastikflaschen und Recyc-ling-Materialien in Sausalito, Kalifornien zu einer Fahrt in Richtung Sydney, Austra-lien auf. Die Plastiki, so der Name des Schif-fes, erreichte das Ziel am 27. Juli 2010.

ROTHSCHILD wollte auf die Vermüllung der Ozeane durch Plastikabfälle aufmerksam machen. Riesige Teppiche aus Plastiktei-len schwimmen auf der Wasseroberfläche der Ozeane (▷ B1). Der Müllstrudel im Pazifischen Ozean nimmt eine Fläche ein, die doppelt so groß wie ganz Deutschland ist.

Wie kommt der Müll in die Ozeane?

Der Kunststoffmüll gelangt meist über Flüsse in die Meere. Auch Tsunamis tragen zur Vermüllung bei. Seit 1988 ist es Schiffs-besatzungen verboten, Kunststoffe über Bord zu werfen. Schiffsführungen müs-sen sogar ein Mülltagebuch führen. Eine besondere Gefahr für Tiere wie Delfine, Seehunde und Schildkröten sind verloren-gegangene Fischernetze.

Gefahren

Tiere verenden, weil sie den Müll nicht von ihrer natürlichen Nahrung unterscheiden können. Unter dem Einfluss der UV-Strah-lung und durch Wind und Wellen werden größere Kunststoffteile zerkleinert. Kleinste Plastikteilchen werden so auch von den kleinsten Meeresbewohnern auf-genommen und erreichen über die Nah-rungskette den Menschen. Viele Kunststof-fe enthalten Weichmacher. Diese Stoffe sollen die Verarbeitung von Thermoplasten erleichtern und deren Eigenschaften ver-bessern. Viele Weichmacher sind aber giftig und reichern sich z. B. in der Leber von Fischen und Menschen an.

Was kann getan werden?

Umweltaktivisten versuchen, Müll aus dem Meer zu sammeln (▷ B2). In einigen Projekten werden Fischer bezahlt, die Müll auffischen und in den Häfen abliefern. Allerdings sollen sich ca. 150 Millionen Ton-nen Kunststoffmüll in den Ozeanen befin-den. Sammelaktionen benötigen Jahre, um diesen Müll aus den Ozeanen zu fischen. Es wäre schon viel gewonnen, wenn kein neu-er Kunststoffmüll in die Ozeane gelangt.

Sortenrein trennen – Werkstoff verwerten

Zur Wiederverwertung muss man die Kunststoffe nach Kunststoffgruppen trennen. Recyceln gelingt nur bei den Thermoplasten: Müll aus Thermoplasten wird zunächst zu kleinen Körnern, dem **Granulat**, verarbeitet. Anschließend wird es geschmolzen und zu neuen Kunststoffteilen verarbeitet.

Zurück auf Start – Rohstoff verwerten

Gemischte Kunststoffabfälle, die sich nicht sortenrein trennen lassen, kann man durch **Pyrolyse** zerlegen. Dazu erhitzt man das Kunststoffgemisch auf 700 °C unter Luftabschluss. Die Polymer-Moleküle zerfallen dabei in kleinere Bruchstücke. Es entsteht ein Öl, das durch Destillation getrennt wird. Man erhält neue Rohstoffe, aus denen wieder Kunststoffe hergestellt werden.

Verbrennen – thermisches Verwerten

Kunststoffabfälle kann man auch vollständig verbrennen. Dies geschieht in Wärmekraftwerken, wo man aus den Abfällen elektrische Energie und Wärme gewinnt. Der Rohstoff geht dabei jedoch verloren. (► Energie, S. 116/117)

Abfälle aus Kunststoff können als Werkstoff oder als Rohstoff wiederverwertet werden. Bei der thermischen Verwertung geht der Rohstoff verloren.

AUFGABEN

1 ○ Schneide einen Getränkekarton auf und skizziere den Querschnitt in deinem Heft. Beschreibe die Stoffe, die du erkannt hast.

2 ○ Nenne die Quellen für die Vermüllung der Ozeane mit Kunststoffmüll.

3 ◐ Warum ist es besonders schwierig, die Vermüllung der Ozeane einzugrenzen? Beschreibe und erläutere mögliche Ursachen.

4 ◐ Diskutiere Vor- und Nachteile der drei Verwertungsarten für Kunststoffartikel.

5 ◐ Nimm Stellung zu dem Satz „Müll vermeiden statt recyceln!"

6 ● Einwegflaschen oder Mehrwegflaschen, Glasflaschen oder Flaschen aus Kunststoff, welche sind besser für unsere Umwelt? Formuliere eine Stellungnahme, die unterschiedliche Aspekte berücksichtigt.

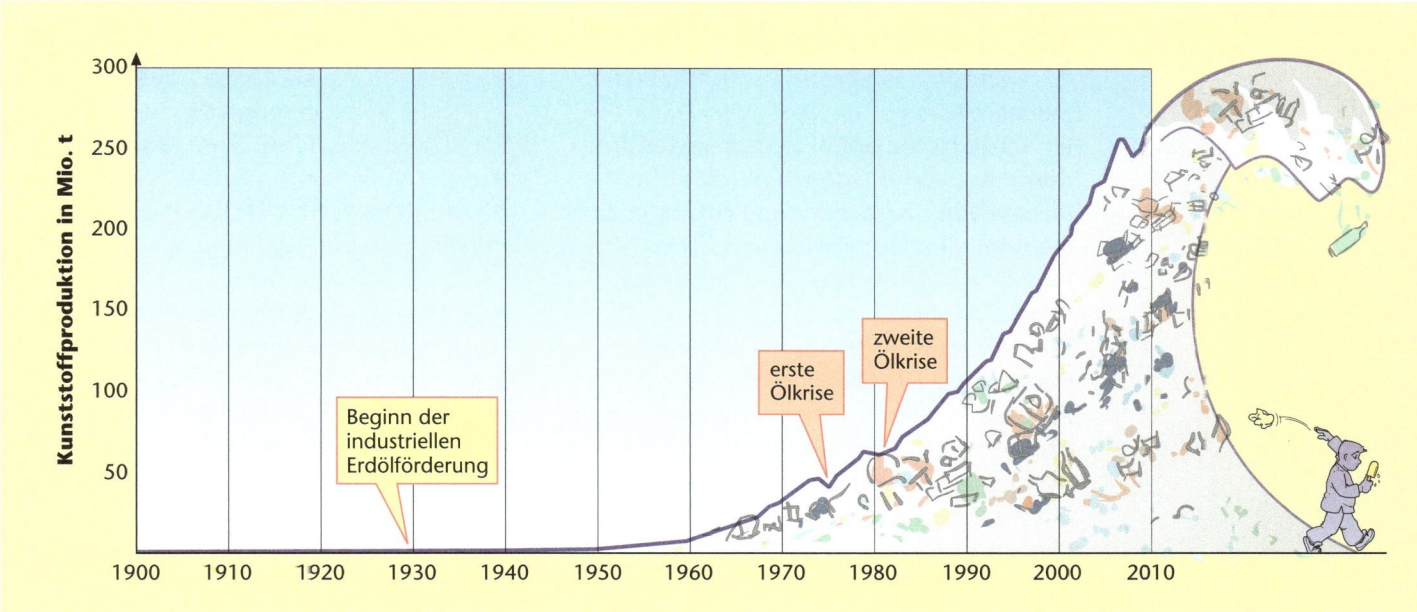

3 Der Kunststoff-Müllberg steigt ständig an.

Zusammenfassung

100 Liter Benzin ← Erdöl → 21 Hemden aus Chemiefasern und + 1 Autoreifen und + 4 Bierkisten und + 6 Mülltonnen aus Kunststoff und + 200 Strumpfhosen

1 Erdöl – Auch Rohstoff für viele Kunststoffe

Eigenschaften der Kunststoffe

Kunststoffe sind gut verformbar, besitzen eine geringe Dichte, sind schlechte elektrische Leiter und witterungsbeständig. Als Nachteile gelten ihre leichte Brennbarkeit, ihre Anfälligkeit gegenüber einigen Lösungsmitteln und ihre nicht immer kratzfeste Oberfläche. Darüber hinaus belastet Kunststoffmüll die Umwelt.

Polymere

Kunststoffe bestehen aus langen Makromolekülen. Makromoleküle werden auch Polymere genannt. Die Bausteine der Polymere sind Monomere. Je nachdem, welche Monomere eingesetzt werden, entstehen unterschiedliche Kunststoffe.

Polymerisation

Bei der Polymerisation reagieren gleiche Monomere miteinander. Die Monomere müssen eine Doppelbindung besitzen. Es entstehen lange Polymere mit Einfachbindungen. Bei der Polymerisation von Ethen bildet sich der Kunststoff Polyethen (PE).

Polyester und Polyurethane

Monomere mit mehreren funktionellen Gruppen können Polymere bilden. Polyester kann man aus Carbonsäuren mit mindestens zwei Carboxy-Gruppen und Alkoholen mit mindestens zwei Hydroxy-Gruppen in einer Polykondensation herstellen. Polyurethane kann man durch eine Polyaddition gewinnen.

Kunststoffgruppen

Man unterteilt die Kunststoffe aufgrund ihres unterschiedlichen Verhaltens bei Wärme und Druck in drei Gruppen: Thermoplaste, Elastomere und Duroplaste. Das unterschiedliche Verhalten der Kunststoffe beruht auf der unterschiedlichen Vernetzung der Polymerketten (▷ B 2).

Verwertung von Kunststoffen

Kunststoffabfälle können als Werkstoff oder als Rohstoff recycelt werden. Verbrennt man sie in Kraftwerken, gewinnt man zwar Energie, der Rohstoff geht jedoch verloren.

Thermoplaste

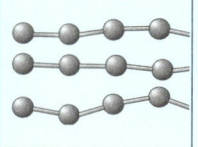

Thermoplaste lassen sich beim Erwärmen verformen, da zwischen den Polymerketten keine starken Bindungen bestehen.

Elastomere

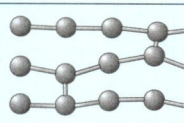

Elastomere sind elastisch, da die Polymerketten weitmaschig vernetzt sind. Elastomere zersetzen sich beim Erhitzen.

Duroplaste

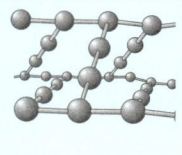

Duroplaste sind starre Kunststoffe. Sie lassen sich beim Erwärmen nicht verformen, da die Polymerketten eng vernetzt sind. Erst bei starkem Erhitzen zersetzen sie sich.

2 Einteilung der Kunststoffe

AUFGABEN

1 ○ Zähle drei Vorteile und drei Nachteile von Kunststoffen im Vergleich zu den Metallen auf.

👍 Super! ❓ ► S.62/63

2 ○ Ethen ist Ausgangsstoff vieler Kunststoffe. Nenne das typische Merkmal des Ethen-Moleküls.

👍 Super! ❓ ► S.66

3 ○ „Monomere sind Makromoleküle, die aus Polymeren hergestellt werden". Formuliere den Merksatz korrekt.

👍 Super! ❓ ► S.66

4 ● Erkläre das Prinzip der Polymerisation am Beispiel der Bildung von Polyethen aus Ethen.

👍 Super! ❓ ► S.65

5 ● Ordne in dem Steckbrief folgende Begriffe richtig zu: *Ethen, Thermoplast, beim Erwärmen verformbar, Polyethen.*
Name des Kunststoffes:
Name des Monomers:
Kunststoffgruppe:
Eigenschaft:

👍 Super! ❓ ► S.66, 68/69

6 ● Erkläre, warum Ethandiol und Ethandisäure Polymere bilden können.

👍 Super! ❓ ► S.70

7 ● Erkläre den Begriff „sortenrein" am Beispiel der Verwertung von Kunststoffen als Wertstoffe.

👍 Super! ❓ ► S.77

8 ● Übertrage das Schema 3 in dein Heft. Ordne den leeren Feldern folgende Begriffe zu: *thermische Verwertung, werkstoffliche Verwertung, gemischt, rohstoffliche Verwertung, sortenrein.*

👍 Super! ❓ ► S.77

9 ● Polystyrol entsteht durch Polymerisation von Styrol. Die Strukturformel von Styrol siehst du in Bild 3. Formuliere die Reaktionsgleichung für die Herstellung von Polystyrol.

$$\begin{array}{ccc} H & & H \\ & C = C & \\ H & & \bigcirc \end{array}$$

3 Strukturformel von Styrol

👍 Super! ❓ ► S.66

10 ● Beschreibe an einem selbst gewählten Beispiel, welche Eigenschaften Duroplaste auszeichnen. Erkläre diese Eigenschaften mithilfe der Struktur der Polymere.

👍 Super! ❓ ► S.68/69

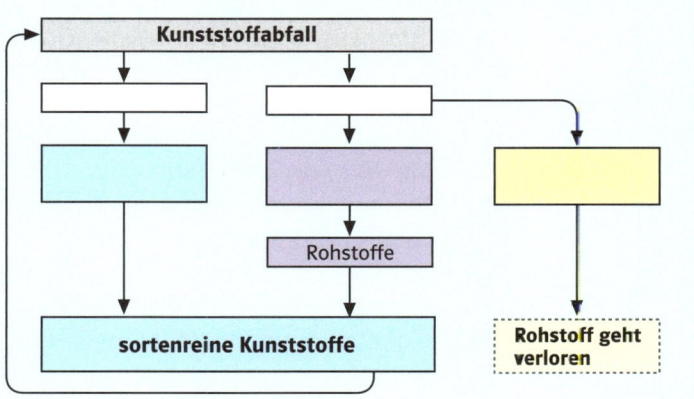

4 Verwertung von Kunststoffmüll

► Musterlösungen auf den Seiten 128–129 **79**

4 Stoffe industriell herstellen

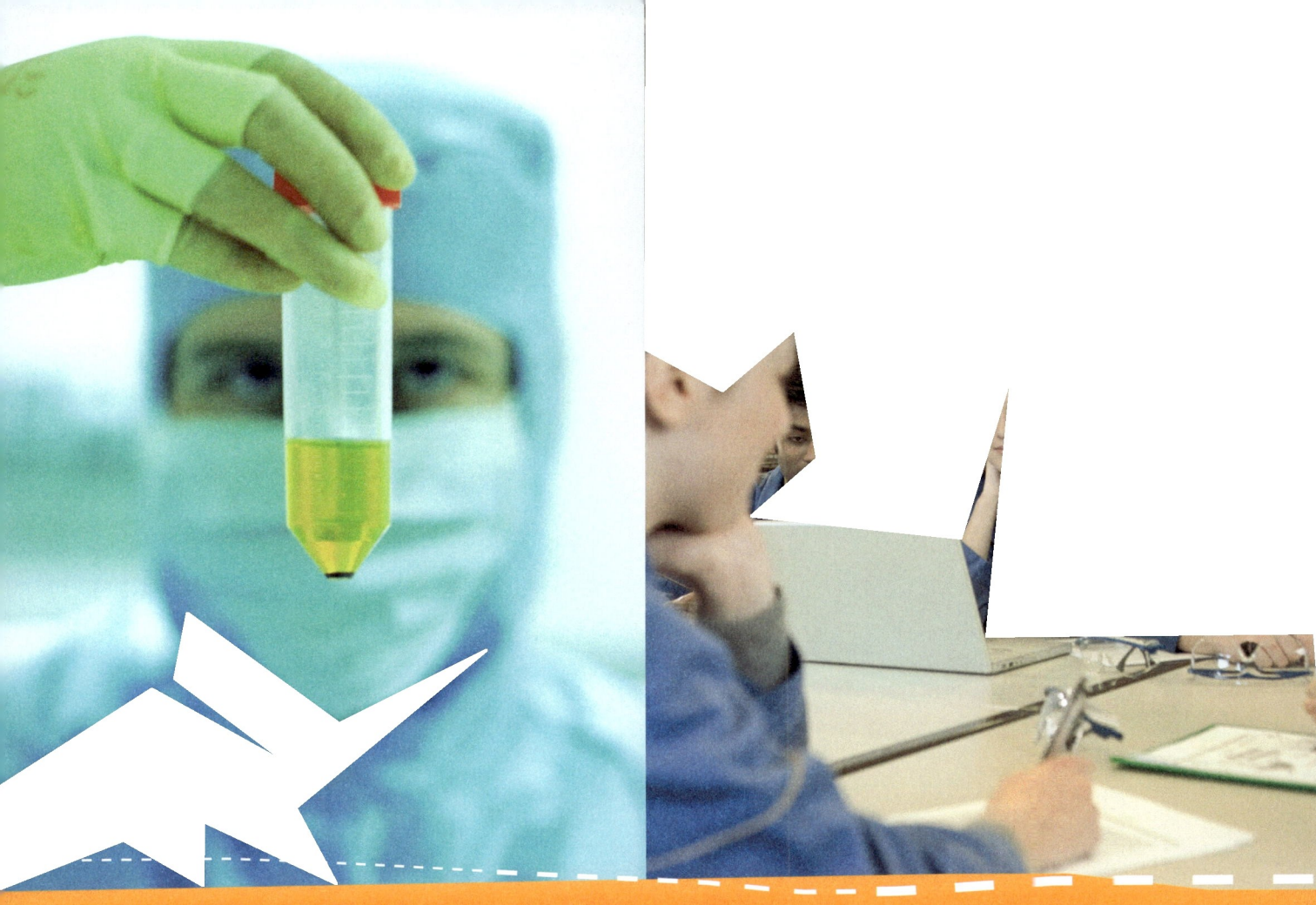

- Was hat ein Computerchip mit Chemie zu tun?

- Woraus besteht Zement?

- Welche Berufe gibt es in der chemischen Industrie?

- Welche chemischen Betriebe gibt es in meiner Umgebung?

- Wie kann ich mehr über einen chemischen Betrieb in meiner Umgebung erfahren?

Experimente mit Kalk

Vor Versuchsbeginn mit der Lehrkraft Sicherheitsmaßnahmen und Entsorgung durchsprechen!

Material
Schutzbrille, Tiegelzange, Gasbrenner, Anzünder, Abdampfschale, Spatellöffel, Thermometer, 2 Marmorstücke, Spritzflasche mit Wasser

Versuchsanleitung
a) Halte mit einer Tiegelzange ein Stück Marmor etwa 5 Minuten in die rauschende Brennerflamme, bis es anfängt zu glühen.
b) Gib das Marmorstück in die Abdampfschale und lasse es abkühlen. Vergleiche seine Oberfläche und die Sprödigkeit mit einem ungebrannten Marmorstück.
c) Füge einige Tropfen Wasser zu dem gebrannten Stück Marmor hinzu und miss die Temperatur.

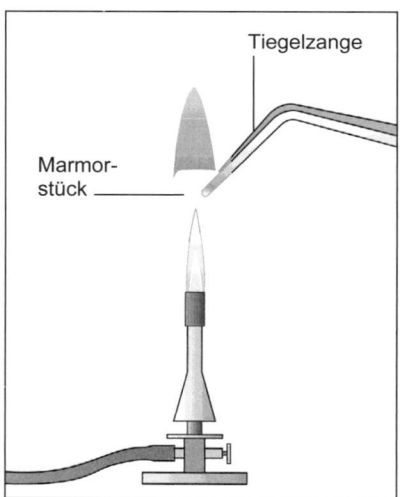

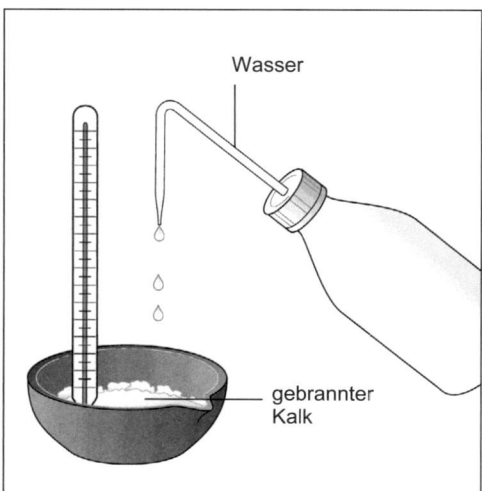

Beobachtung

_____

_____

_____

_____

_____

_____

_____

A1 Erläutere mithilfe des Versuchs die Begriffe „exotherme Reaktion" und „endotherme Reaktion".

_____

_____

_____

_____

_____

Der technische Kalkkreislauf

Vor der Erfindung des Zements wurde **Kalkmörtel** als Bindemittel zwischen Mauersteinen eingesetzt. Heute wird Kalkmörtel zum Verputzen von Innenwänden verwendet. Was ist Kalkmörtel chemisch?

Kalkbrennen

In Kalksteinbrüchen wird Kalkstein abgebaut (▷ B 1). Er besteht zum größten Teil aus Calciumcarbonat. Calciumcarbonat zerfällt beim Erhitzen auf etwa 1000 °C in Calciumoxid und Kohlenstoffdioxid. Dieser Vorgang wird in der Technik als Brennen des Kalksteins bezeichnet. Das gebildete Calciumoxid heißt **Branntkalk**.

$$CaCO_3 \longrightarrow CaO + CO_2$$

Kalklöschen

Versetzt man Branntkalk mit Wasser, so bildet sich in einer stark exothermen Reaktion **Löschkalk** (Calciumhydroxid).

$$CaO + H_2O \longrightarrow Ca(OH)_2 \mid exotherm$$

Kalkmörtel

Mischt man Löschkalk mit Sand und Wasser, so erhält man Kalkmörtel. Beim Festwerden, dem Abbinden, nimmt der Mörtel Kohlenstoffdioxid aus der Luft auf.

1 Kalksteinbruch

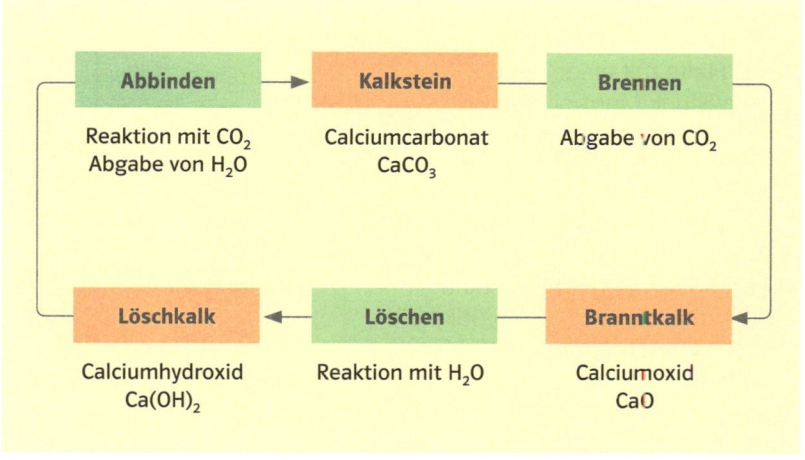

2 Technischer Kalkkreislauf

$$Ca(OH)_2 + CO_2 \longrightarrow CaCO_3 + H_2O \mid exotherm$$

Mit den Sandkörnern bilden die entstandenen Kalkkristalle ein festes Gefüge. Aus dem Ausgangsstoff Calciumcarbonat ist nach dem Brennen, Löschen und Abbinden wieder Calciumcarbonat geworden. Der Kreislauf ist geschlossen (▷ B 2). (► Chemische Reaktion, S. 112/113)

Calciumcarbonat ist der Ausgangsstoff und das Endprodukt des Kalkkreislaufs.

AUFGABEN

1 ○ Gib die technischen Namen von Calciumcarbonat, Calciumoxid und Calciumhydroxid an.

2 ◐ Überlege, ob das Brennen des Kalksteins eine exotherme oder endotherme chemische Reaktion ist. Begründe deine Entscheidung.

3 ● Dicke Mauern, die unter Verwendung von Kalkmörtel gebaut worden sind, können auch nach Jahren noch feucht sein. Was ist die Ursache dafür? Formuliere eine Vermutung.

Moderne Baustoffe aus der Natur

Rohstoffe

Die Pyramiden in Ägypten wurden aus riesigen Mengen behauener Natursteine errichtet. Heute verwendet die Bauindustrie technisch hergestellte Baustoffe, aus denen Hochhäuser, Brücken und viele andere Bauwerke entstehen können. Die wichtigsten Rohstoffe für die Baustoffproduktion sind Gips, Ton und Kalkstein. Man findet diese Stoffe als Bodenschätze. Sie werden gefördert, teilweise miteinander vermischt und zu den modernen Baustoffen verarbeitet.

Gips

Gips kommt in der Natur in Form von Gipsstein vor. Durch Erhitzen auf ca. 130 °C erhält man daraus Stuckgips und Wasserdampf. Dieser Vorgang ist eine endotherme Reaktion. Heute verwendet man überwiegend Stuckgips, der als Abfallprodukt bei Rauchgas-Entschwefelungsanlagen von Kohlekraftwerken anfällt. Als Baustoff wird er überwiegend beim Innenausbau von Häusern benötigt. Mischt man den Stuckgips mit Wasser, so entsteht ein Brei, den man gut formen kann. Die Aufnahme von Wasser ist eine exotherme Reaktion. Nach einigen Minuten wird der Gipsbrei fest. Man sagt, der Gips bindet ab.

Zement

Die wichtigsten Rohstoffe für das Herstellen von Zement sind Kalkstein, Ton und Mergel. Mergel entsteht bei der gleichzeitigen Ablagerung von Ton und Kalkstein. Bei der Herstellung von Zement werden die Bestandteile so gemischt, dass 75 % Kalkstein und 25 % Ton enthalten sind. Das Gemisch wird fein zermahlen und anschließend auf ca. 1450 °C erhitzt. Bei diesem Brennvorgang entsteht das Zwischenprodukt Zementklinker. Durch wiederholtes, feines Mahlen des harten Zementklinkers und Beimischung von Zusatzstoffen wie z. B. Gips oder Asche aus Kohlekraftwerken wird das Endprodukt Zement hergestellt.

Beim Anrühren mit Wasser bindet Zement ebenso ab wie Gips. Auch hier findet eine exotherme Reaktion statt. Zum Mauern verwendet man ein Gemisch aus Zement, Sand und Wasser. Dieses Gemisch wird als Zementmörtel bezeichnet. Setzt man Mauersteine so aufeinander, dass sich zwischen ihnen eine Schicht Zementmörtel befindet, entsteht nach dem Abbinden eine stabile Mauer.

Beton

Mischt man Zementmörtel mit Kies, so erhält man Beton. Beton wird gerne als Baustoff für Gebäude verwendet, da er beliebig formbar ist und nach dem Abbinden sehr hart wird. Beim derzeit höchsten Gebäude der Welt, dem Burj Khalifa in Dubai, wurden ca. 230 000 m³ Beton verbaut (▷ B1). Baukörper aus Beton sind wesentlich stabiler, wenn beim Gießen des Betons Stahlmatten eingeschlossen werden.

1 Das Burj Khalifa

Stahlbeton weist die hohe Druckfestigkeit von Beton und die hohe Zugfestigkeit von Stahl auf.

Ablauf der Zementproduktion

Zum Brennen wird das Gemisch aus Kalkstein und Ton kontinuierlich einem Drehofen zugeführt (▷ B 2). Am Ende des Drehofens wird ständig Zementklinker entnommen und dann zu Pulver gemahlen. Das Zementklinkerpulver wird mit Zusatzstoffen gemischt und als fertiger Zement in Silos gelagert, bevor er verpackt wird. Bei einer solchen **kontinuierlichen Produktion** erfolgen alle Transport- und Produktionstätigkeiten ununterbrochen.

Wird für die Produktion eines Stoffes ein Behälter mit Ausgangsstoffen gefüllt und nach dem Ablauf der Reaktion geleert, so spricht man von **diskontinuierlicher Produktion**.

Chemische Reaktion und Energie

Das „Brennen" ist eine endotherme Reaktion, bei der sehr viel Energie benötigt wird. (▷ B 3). Durch die Optimierung der Produktionsanlagen konnte der Energiebedarf gesenkt werden (▷ B 3). Neben der kontinuierlichen Produktion trägt die Verwendung eines Gegenstrom-Wärmetauschers zur Energieeinsparung bei (▷ B 2). Die aufsteigenden heißen Abgase aus dem Drehofen geben Wärme an die in Gegenrichtung geführten Rohstoffe ab. Die Rohstoffe erreichen so vorgeheizt den Drehofen. Man spricht vom **Gegenstromprinzip**.

Das Abbinden von Gips, Zement und Beton ist eine exotherme chemische Reaktion. Das „Brennen" der Ausgangsprodukte ist hingegen eine endotherme Reaktion. Für den Brennvorgang werden große Mengen an Energie benötigt.
Durch den Einsatz eines kontinuierlichen Produktionsverfahrens und durch das Anwenden des Gegenstromprinzips kann der Energiebedarf für die Zementproduktion vermindert werden.

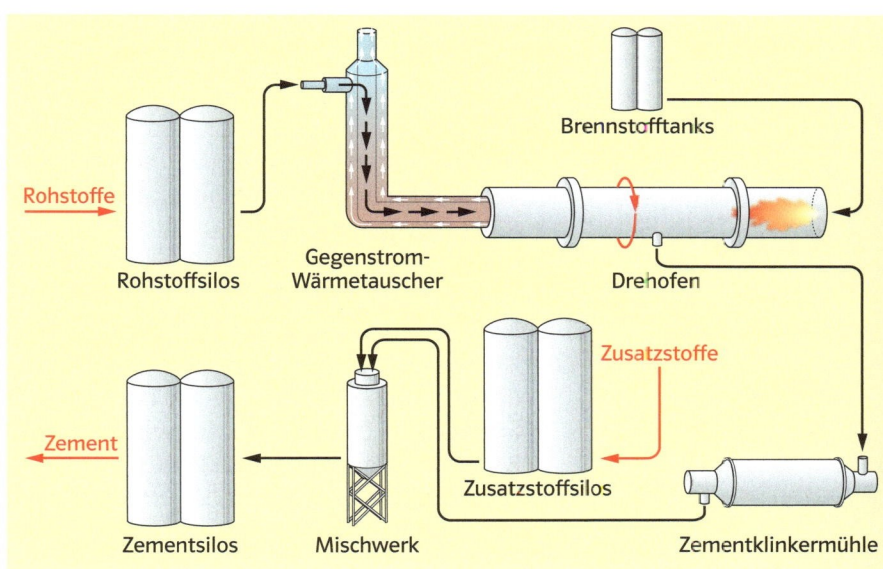

2 Ablauf der Zementherstellung

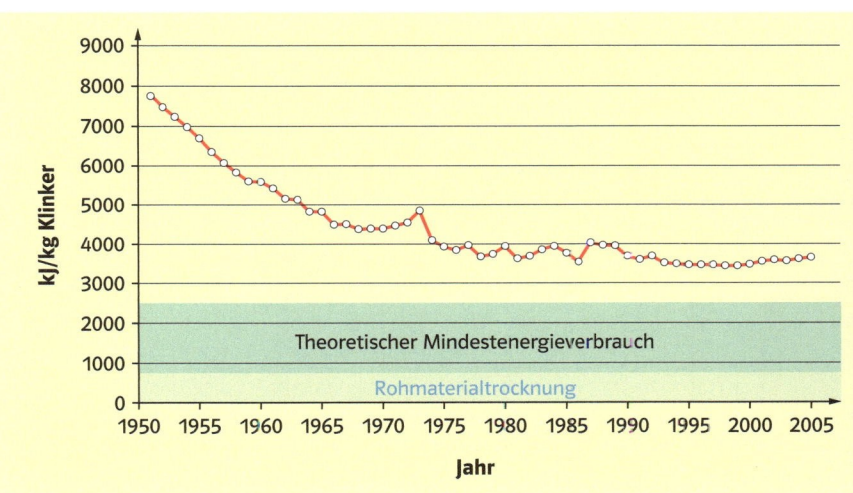

3 Brennstoffverbrauch der deutschen Zementindustrie

AUFGABEN

1 ○ Nenne die Ausgangsstoffe für die Herstellung von Zement.

2 ○ Erläutere das Gegenstromprinzip.

3 ◕ Erstelle eine Tabelle, in der du die Herstellung und die Verwendung der Baustoffe Gips, Zement und Beton vergleichst.

4 ● Formuliere Vorteile des Einsatzes eines kontinuierlichen Produktionsverfahrens bei der Zementherstellung. Was versteht man unter dem „Brennen" von Kalk? Beschreibe es in einem kurzen Text.

85

Der „Kreislauf" des Kalkes

○ **A1** a) Trage in die schematische Darstellung des technischen Kalkkreislaufes die fehlenden Bezeichnungen für die Stoffe und chemischen Reaktionen ein.

b) Kennzeichne die exothermen sowie endothermen Reaktionen durch selbst gewählte Farben.

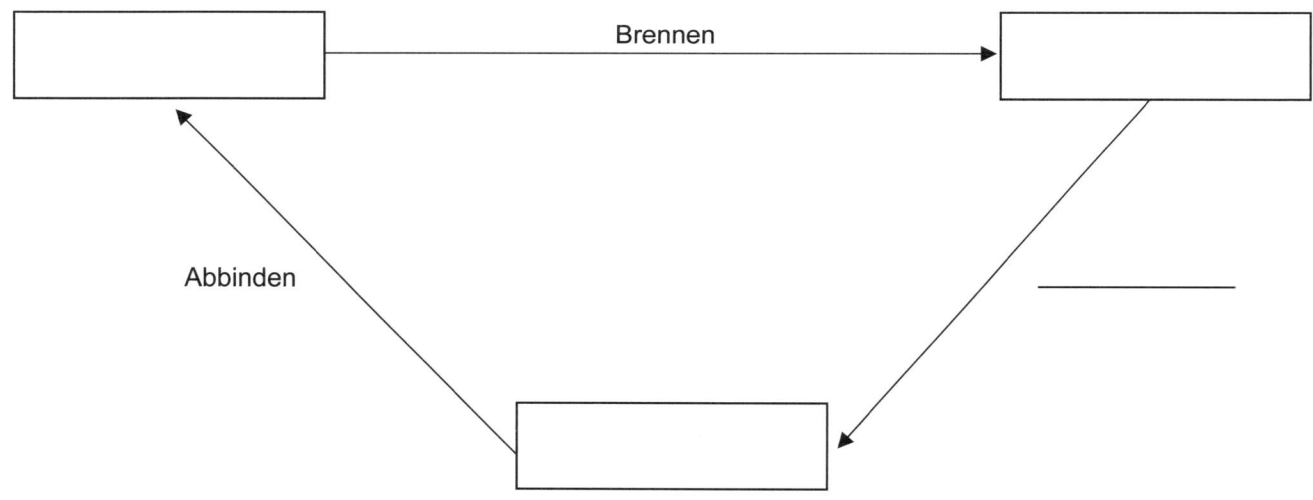

◓ **A2** Ergänze die chemischen Begriffe.

Kalkstein besteht zum größten Teil aus _____. Branntkalk ist

_____. Löschkalk ist _____.

○ **A3** Kalkstein kann zu Zement und Beton weiterverarbeitet werden. Benenne die Stoffe, die dem Kalkstein jeweils zugemischt werden.

_____

_____

_____

◓ **A4** Welchen Vorteil hat die Nutzung von Zement gegenüber der Nutzung von Kalkmörtel? Erläutere.

_____

_____

_____

_____

_____

_____

Vom Sand zum Computerchip

Silicium – das „Computermetall"

Der Fortschritt der heutigen Computer-
technik ist eng mit der Entwicklung immer
leistungsfähigerer Mikrochips verbunden.
Der Grundstoff der Mikrochips, das Silicium, wird aus Sand gewonnen.

Sand – der Grundstoff der Silicium-produktion

Sand besteht überwiegend aus Siliciumdioxid SiO_2. Zur Gewinnung von Silicium
wird Sand mit Kohlenstoff (Koks oder
Holzkohle) in einem elektrischen Brenn-
ofen auf 1800 °C erhitzt. Bei dieser hohen
Temperatur wird Siliciumdioxid zu Silicium
reduziert, wobei Kohlenstoffmonooxid
frei wird.

$$SiO_2 + 2\,C \longrightarrow Si + 2\,CO$$

Das bei diesem Prozess enstandene
Rohsilicium besteht zu 98 % aus Silicium-
Atomen. Für die Verwendung in der Com-
puterindustrie ist es allerdings noch nicht
rein genug.

Vom Rohsilicium zum Reinstsilicium

Für die Herstellung von Computerchips
wird hochreines Silicium mit einem
Reinheitsgrad von 99.9999999 % benötigt.

Das bedeutet, dass auf 1 Milliarde Silicium-
Atome höchstens 1 Fremdatom kommen
darf. In einem aufwändigen Verfahren wird
Rohsilicium zunächst verflüssigt. Durch
Destillation erhält man hochreines Silicium. Das Destillat wird zu Stäben von über
2 m Länge und einer Masse von über 150 kg
verarbeitet.

Vom Reinstsilicium zum Computerchip

Die Siliciumstäbe werden in einem weiteren Verfahren in dünne Scheiben zerschnit-
ten. Diese Scheiben nennt man Wafer. Aus
einem Wafer (englisch für Waffel) können
dann mehrere hundert Computerchips
hergestellt werden.

AUFGABEN

1 ⊖ Erstelle ein Fließschema, für die
Herstellung eines Computerchips.

2 ⊖ Recherchiere, was man unter der
„Ausbeute" bei der Herstellung von
Computerchips versteht.

3 ● Erkläre, woher die hohen Kosten
bei der Herstellung von Computerchips
resultieren. Nutze dazu das Internet.

  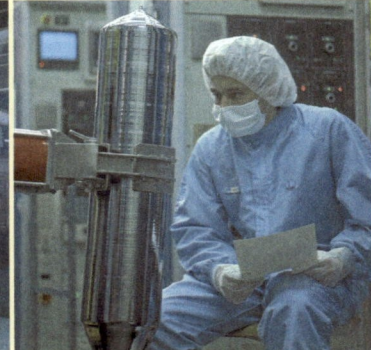 

1 Sand – der Grundstoff für
die Siliciumproduktion

2 Gewinnung von flüssigem
Rohsilicium

3 Siliciumstab aus der
Schmelze

4 Chips auf einem
Wafer

Katalysatoren und ihre Bedeutung

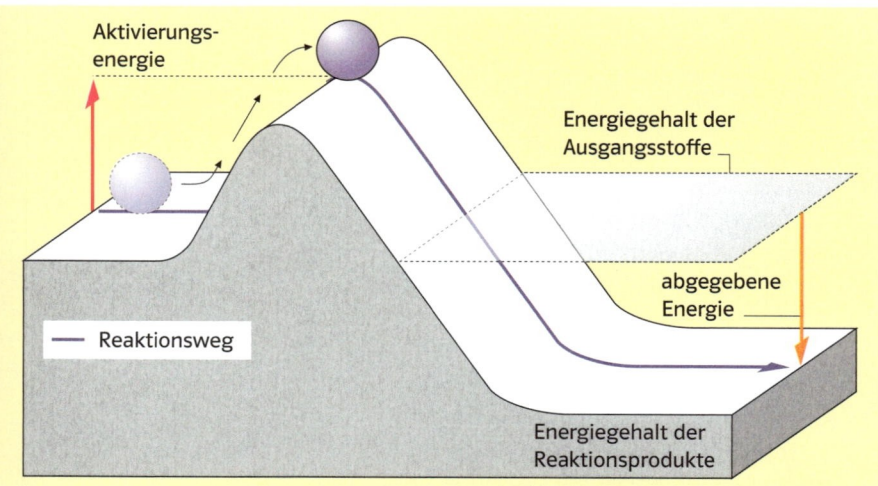

Aktivierungs-
energie

Energiegehalt der
Ausgangsstoffe

abgegebene
Energie

Reaktionsweg

Energiegehalt der
Reaktionsprodukte

1 Ablauf einer exothermen chemischen Reaktion im Modell

Ein **Knallgas-Gemisch** aus Sauerstoff und Wasserstoff kann man aufbewahren, ohne dass es sich verändert. Durch einen Funken entzündet es sich und explodiert.

Zünden mit Platin

Wasserstoff kann auch ohne Zündquelle entzündet werden. Lässt man Wasserstoff über eine platinbeschichtete Perle

BASISKONZEPT Energie

Der Begriff Energie begegnet uns sehr häufig. Energie benötigen wir, um uns zu bewegen. Kraftwerke liefern Energie in Form von elektrischem Strom oder Wärme. Wichtig ist: Energie wird nicht erzeugt, sondern nur von einer Energieform in eine andere umgewandelt. Dies geschieht auch bei chemischen Reaktionen. Bei einer exothermen Reaktion wird die in den Stoffen gespeicherte chemische Energie in andere Energieformen wie Licht und Wärme umgewandelt.

Beim Autofahren finden mehrere Energieumwandlungen statt. Beim Verbrennen von Benzin mit Luftsauerstoff wird Kraft für die Bewegung des Autos und gleichzeitig Wärme frei. Ein Teil der Kraft wird in elektrische Energie umgewandelt.

2 Energie gibt es in verschiedenen Energieformen.

strömen, beginnt diese zu glühen. Nach kurzer Zeit entzündet sich der Wasserstoff oberhalb der rot glühenden Perle und verbrennt. An der Platinoberfläche reagiert Wasserstoff mit Sauerstoff zu Wasser. Bei der Reaktion wird so viel Wärme frei, dass sich die Perle bis zur Rotglut erhitzt. Der Wasserstoff entzündet sich selbst.

Katalysatoren und Aktivierungsenergie

Damit die Reaktion beginnt, benötigt man eine bestimmte Energiemenge, die **Aktivierungsenergie**. Bei der Verwendung von Platin benötigt man weniger Aktivierungsenergie (▷ B 1). Man sagt: Platin wirkt als **Katalysator**. Nach der Reaktion liegt der Katalysator wieder unverändert vor. Katalysatoren setzen bei einer chemischen Reaktion die Aktivierungsenergie herab.

Katalysatoren in Technik und Lebewesen

Katalysatoren spielen in der chemischen Industrie eine große Rolle. Die Herstellung von Ammoniak oder Salpetersäure wäre ohne sie nicht denkbar. Abgasreinigung in Kraftfahrzeugen erfolgt ebenfalls durch Katalysatoren. **Biokatalysatoren** kommen in Lebewesen vor und beschleunigen z. B. Stoffwechselreaktionen im Körper.

Katalysatoren sind Stoffe, die die Aktivierungsenergie herabsetzen. Der Katalysator liegt nach der Reaktion unverändert vor.

AUFGABEN

1 ○ Nenne die Reaktion, die an der Oberfläche der Platinperle stattfindet.

2 ◐ Erläutere die Wirkungsweise des Katalysators.

3 ● Recherchiere den Begriff des „Drei-Wege-Katalysators" und erkläre diesen mit eigenen Worten.

Wirkungsweise von Katalysatoren

Vor Versuchsbeginn mit der Lehrkraft Sicherheitsmaßnahmen und Entsorgung durchsprechen!

Material
Schutzbrille, Reagenzglashalter, 2 Reagenzgläser, Spatellöffel, Holzspan, Katalysatorperlen, Braunstein, 3%ige Wasserstoffperoxid-Lösung

Versuchsanleitung
a) Fülle ein Reagenzglas zu etwa einem Drittel mit Wasserstoffperoxid-Lösung. Führe dann die Glimmspanprobe durch.

b) Füge danach 2 – 3 Katalysatorperlen hinzu und führe die Glimmspanprobe erneut durch.

c) Wiederhole den Versuch mit dem zweiten Reagenzglas. Verwende jedoch statt der Katalysatorperlen eine Spatelspitze Braunstein.

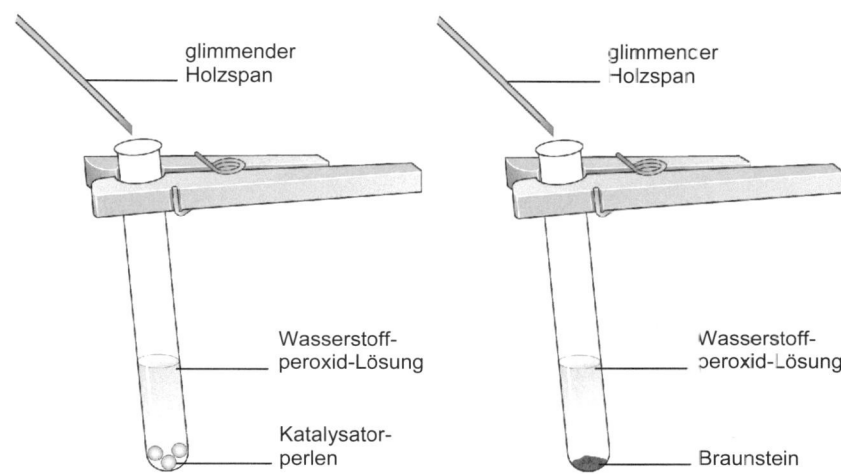

glimmender Holzspan — Wasserstoffperoxid-Lösung — Katalysatorperlen

glimmender Holzspan — Wasserstoffperoxid-Lösung — Braunstein

Beobachtung

_____

_____

_____

_____

_____

A1 Erkläre, welche Rolle die Katalysatorperlen bzw. der Braunstein beim Ablauf der Reaktion spielen.

_____

_____

_____

A2 Stelle für die Zersetzung von Wasserstoffperoxid das Reaktionsschema und die Reaktionsgleichung auf.

_____

_____

_____

1 Viele Haarfärbemittel enthalten Ammoniak.

2 Salmiakpastillen enthalten Ammoniumchlorid.

Ammoniak und seine Eigenschaften

Ammoniak, die Verbindung aus Wasserstoff und Stickstoff, ist eine wichtige Verbindung in der chemischen Industrie. Doch welche Eigenschaften hat Ammoniak?

Ammoniak

Ammoniak ist ein farbloses, giftiges und stechend riechendes Gas. Das Gas ist sehr gut in Wasser löslich. So lösen sich bei Raumtemperatur etwa 700 Liter Ammoniak in einem Liter Wasser. Die Lösung des Ammoniaks in Wasser wird auch als Ammoniak-Wasser bezeichnet. Unterhalb von −33 °C ist Ammoniak flüssig. Flüssiger Ammoniak wird in Kältemaschinen eingesetzt, beispielsweise in Eissporthallen. In der Natur

entsteht Ammoniak bei der Zersetzung pflanzlicher und tierischer Eiweiße. In Pferdeställen oder beim Aufbringen von Gülle auf die Felder tritt ein strenger Geruch auf, der vor allem auf Ammoniak beruht.

Ammoniak-Lösung

Löst man Ammoniak in Wasser, so reagiert ein Teil der Ammoniak-Moleküle mit Wasser-Molekülen. Dabei gibt ein Wasser-Molekül ein Wasserstoff-Ion an ein Ammoniak-Molekül ab. Es bilden sich ein Hydroxid-Ion und ein Ammonium-Ion (NH_4^+)($\triangleright$ B 3). Aufgrund der vorhandenen Hydroxid-Ionen ist die Ammoniak-Lösung alkalisch.

Tatsächlich reagiert aber nur ein kleiner Teil der Ammoniak-Moleküle mit den Wasser-Molekülen. Die meisten Ammoniak-Moleküle lösen sich dagegen in Wasser. Einige der gelösten Moleküle entweichen in die Luft. Aus diesem Grund riecht Ammoniak-Lösung stark nach dem Gas Ammoniak.

Ammoniak in Haarfärbemitteln

Die alkalische Eigenschaft der Ammoniak-Lösung nutzt man beim Färben der Haare

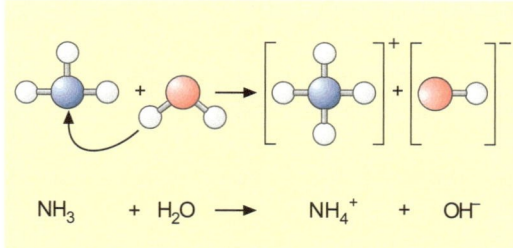

$$NH_3 \quad + \; H_2O \quad \longrightarrow \quad NH_4^+ \quad + \quad OH^-$$

3 Ein Ammoniak-Molekül reagiert mit einem Wasser-Molekül.

(▷ B1). Damit die Färbemittel gut in das Haar eindringen können, muss die äußere Schuppenschicht des Haars geöffnet werden. Die alkalische Ammoniak-Lösung sorgt dafür, dass sich die äußere Schuppenschicht der Haare abspreizt und das Haar somit aufquillt. Die Färbemittel können nun in das Haar eindringen

Salmiak

Reagiert Ammoniak mit Chlorwasserstoff, so entsteht das Salz Ammoniumchlorid.

$$NH_3 + HCl \longrightarrow NH_4Cl$$

Ammoniumchlorid wird auch als Salmiak bezeichnet. Heute verwendet man Ammoniumchlorid beispielsweise zur Herstellung von Kältemitteln oder in der Gerberei zur Lederherstellung. In der Medizin verwendet man Salmiak gerne als Hustenlöser. Salmiakpastillen enthalten neben Lakritz geringe Mengen an Salmiak (▷ B2). Dies wirkt schleimlösend und soll den Geschmack verstärken. In Deutschland müssen Lebensmittel, die mehr als 2% Ammoniumchlorid enthalten, einen Warnhinweis auf der Verpackung tragen.

Ammoniumnitrat

Bei der Reaktion von Ammoniak mit einer weiteren Säure, nämlich der Salpetersäure (HNO_3), entsteht das Salz Ammoniumnitrat.

$$NH_3 + HNO_3 \longrightarrow NH_4NO_3$$

Ammoniumnitrat ist neben der Verwendung als Düngemittel ein wesentlicher Bestandteil einiger Sprengstoffe. Solche Sprengstoffe werden hauptsächlich im Bergbau eingesetzt (▷ B4). Da Ammoniumnitrat wasserlöslich ist, müssen solche Sprengstoffe trocken gelagert werden.

Ammoniak NH_3 ist ein stechend riechendes Gas. In Verbindung mit Wasser bildet es eine alkalische Lösung. Ammoniak bildet mit Säuren Ammoniumsalze, die das Ammonium-Ion NH_4^+ enthalten.

4 Sprengung mit Ammoniumnitrat

AUFGABEN

1 ○ Nenne die Teilchen, die in einer Ammoniak-Lösung enthalten sind.

2 ○ Erläutere den Unterschied zwischen Ammoniak und Ammoniak-Lösung.

3 ◖ Kommt ein angefeuchtetes Universalindikator-Papier mit Ammoniakgas in Berührung, so wird es grün-blau. Erkläre die Beobachtung.

4 ● Erkläre, warum sich manche Düngemittel für die Herstellung von Sprengstoffen eignen können.

VERSUCHE

1ᴸ **!** Man füllt einen Rundkolben mit Ammoniakgas und verschließt ihn mit einem Stopfen, in dem ein Glasrohr steckt. Die Öffnung des Glasrohres hält man in Wasser, dem Universalindikator-Lösung zugesetzt ist. (Schutzbrille! Schutzscheibe!)

2ᴸ Man gibt 4 Salmiakpastillen, 2 Natriumhydroxid-Plätzchen und ganz wenig Wasser in ein Reagenzglas. Das Reagenzglas erwärmt man in der nicht leuchtenden Flamme. (Schutzbrille!) In den Gasraum des Reagenzglases hält man ein angefeuchtetes Universalindikator-Papier.

1 Ammoniakanlage

Die Ammoniaksynthese

Pflanzen brauchen Stickstoff

Pflanzen benötigen Stickstoffverbindungen für ihr Wachstum. Durch landwirtschaftliche Nutzung werden diese dem Boden entzogen. Stickstoffhaltige Dünger sollen sie ersetzen.

2 Einsatz eines Stickstoffdüngers

Ammoniak, der Ausgangsstoff für Stickstoffdünger

Ammoniak wird aus Stickstoff und Wasserstoff gewonnen. Stickstoffdünger enthalten Stickstoffverbindungen, beispielsweise Ammoniumsalze oder Nitrate. Stickstoffdünger werden aus Ammoniak hergestellt.

$$N_2 + 3\,H_2 \longrightarrow 2\,NH_3 \mid \text{exotherm}$$

Den Stickstoff für die Ammoniaksynthese gewinnt man aus der Luft, den Wasserstoff meist aus Erdgas.

Die Ammoniaksynthese hängt von der Temperatur und vom Druck ab

Bei Raumtemperatur reagieren Stickstoff und Wasserstoff nicht zu Ammoniak. Hohe Drücke und niedrige Temperaturen begünstigen die Ammoniakbildung aus Stickstoff und Wasserstoff. Die Ausbeute steigt. Stickstoff und Wasserstoff müssten auf sehr hohe Temperaturen erhitzt werden, damit sie miteinander reagieren. Bei sehr hohen Temperaturen zerfällt Ammoniak aber wieder in Stickstoff und Wasserstoff. Dadurch sinkt die Ausbeute.

In der Technik setzt man heute das **Haber-Bosch-Verfahren** ein. Man verwendet einen Katalysator aus Eisenkörnern und ausgewählten Metalloxiden. Bei etwa 450 °C und einem Druck von 20 bis 30 MPa (Mega-Pascal) drückt man Stickstoff und Wasserstoff über diesen Katalysator (▷ B 3). Dabei reagiert ein Teil des Stickstoffs und des Wasserstoffs zu Ammoniak. Das entstandene Ammoniak wird aus dem Gemisch entfernt. Stickstoff und Wasserstoff werden wieder in den Ammoniakreaktor gepumpt. So reagiert nach mehreren Durchläufen der gesamte Stickstoff und Wasserstoff zu Ammoniak (▷ B 4).
(► Chemische Reaktion, S. 112/113)

Bei der Ammoniaksynthese reagieren Stickstoff und Wasserstoff mithilfe eines Katalysators zu Ammoniak. Die Ausbeute hängt von der Temperatur und vom Druck ab.

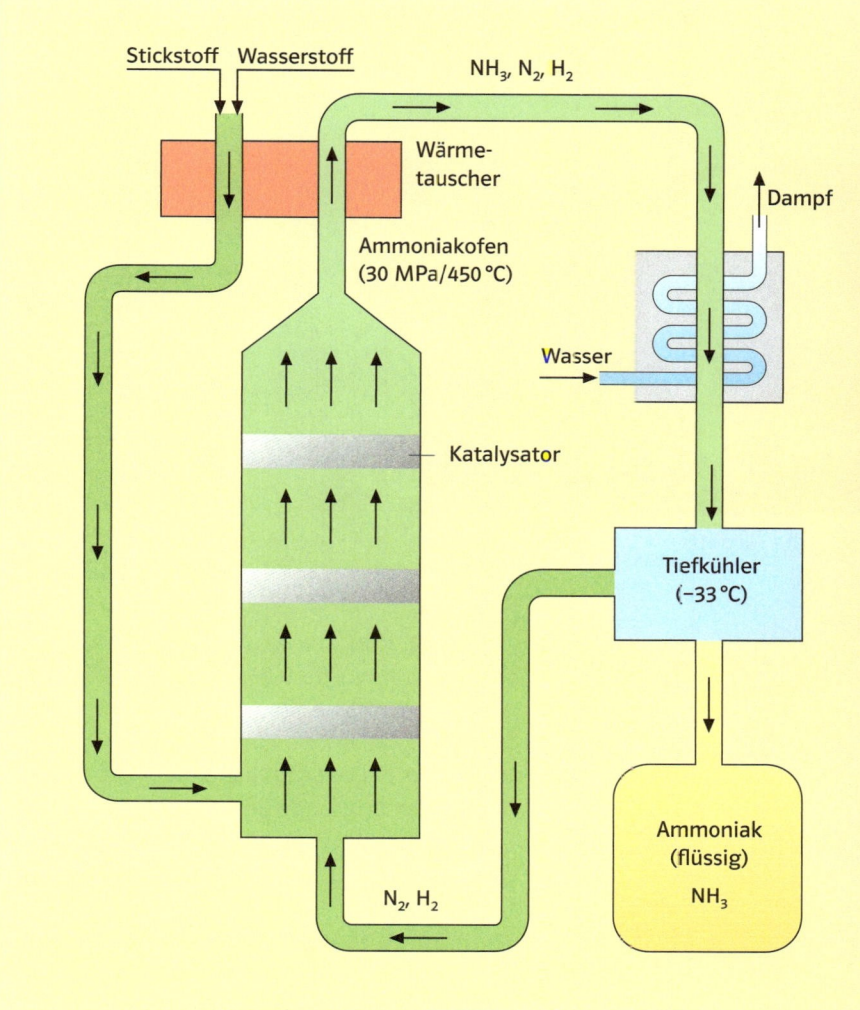

4 Schema einer Ammoniakanlage

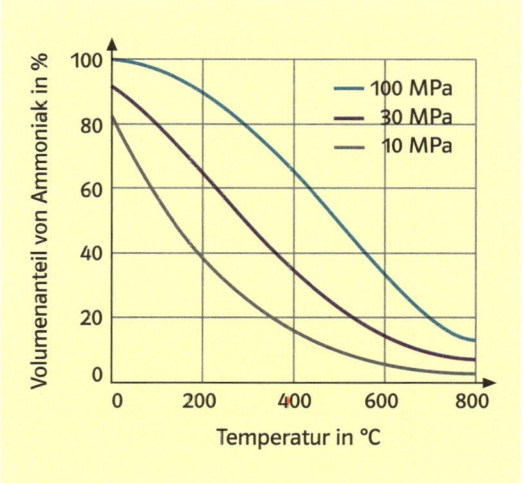

3 Die Ammoniakausbeute ist temperatur- und druckabhängig.

AUFGABEN

1 ○ Nenne mindestens eine Stickstoffverbindung, die in Stickstoffdüngern vorhanden ist.

2 ◕ Beschreibe mithilfe von Bild 4 die Ammoniaksynthese.

3 ◕ FRITZ HABER und CARL BOSCH sind die Väter der Ammoniaksynthese. Recherchiere deren Lebenswege und Leistungen.

4 ● Ermittle mithilfe von Bild 3, wie hoch der Volumenanteil von Ammoniak in % sein kann bei
a) 400 °C und 10 MPa,
b) 400 °C und 30 MPa,
c) 500 °C und 30 MPa.

Der Griff in die Luft

1 FRITZ HABER   **2** CARL BOSCH   **3** ALWIN MITTASCH

Mit zunehmender wirtschaftlicher Entwicklung stieg der Bedarf an Ammoniak. Ammoniak wurde überwiegend zur Herstellung von Düngern und Sprengstoffen benötigt. Ende des 19. Jahrhunderts konnte der Bedarf nicht mehr aus den gebräuchlichen Quellen gedeckt werden. Man suchte nach Wegen, Stickstoffverbindungen aus Luftstickstoff herzustellen.

Ammoniak aus Luftstickstoff

Zu Beginn des 20. Jahrhunderts konnte der deutsche Chemiker WALTHER NERNST (1864–1941) zeigen, dass sich Ammoniak aus den Elementen Stickstoff und Wasserstoff bilden lässt. Für diese Reaktion ist eine Temperatur von ca. 1 000 °C und ein hoher Druck notwendig. Bei diesen Temperaturen zerfällt der größte Teil des Ammoniaks jedoch sofort wieder. Der Chemiker FRITZ HABER (1868–1934) versuchte, die Ammoniakausbeute zu erhöhen (▷ B 1). Zu diesem Zweck testete HABER unterschiedliche Katalysatoren, um die Synthese bei niedrigen Temperaturen durchführen zu können. 1908 fand er mit den Metallen Uran und Osmium zwei Katalysatoren, die schon bei Temperaturen zwischen 500 °C und 600 °C eine hohe Ammoniakausbeute ermöglichten. Ein Jahr später führte HABER erstmals eine kleine Versuchsanlage vor.

FRITZ HABER

Neben seinen Arbeiten im Bereich der Ammoniaksynthese forschte HABER auch für das Militär. Hier beschäftigte er sich unter anderem mit den Giftgasen Phosgen und Chlorgas. Heute bezeichnet man ihn daher auch als Vater der Giftgaswaffen. Seine Arbeiten haben somit nicht nur zum Wohle der Menschen beigetragen. Den Chemie-Nobelpreis des Jahres 1918 erhielt HABER für die Synthese des Ammoniaks aus dessen Elementen.

Von der Versuchsanlage zur Großtechnik

Vor dem Ersten Weltkrieg war das Interesse an Ammoniak besonders hoch. Ammoniak war ein wichtiger Ausgangsstoff bei der Sprengstoffherstellung. CARL BOSCH (1874–1940), griff die Ideen von HABER auf und entwickelte dessen Versuchsanlage technisch weiter (▷ B 2). ALWIN MITTASCH (1869–1953), ein Assistent von BOSCH, suchte intensiv nach einem besseren Katalysator (▷ B 3). Diesen fand er in einem Gemisch aus Eisen, Aluminiumoxid, Kaliumoxid und Sand, das bis heute fast unverändert eingesetzt wird. 1913 konnte die erste großtechnische Anlage mit einer Tagesproduktion von 30 t Ammoniak in Betrieb genommen werden. Nach seinen Erfindern nennt man das Verfahren Haber-Bosch-Verfahren. BOSCH erhielt den Nobelpreis für Chemie im Jahr 1931.

AUFGABEN

1   Erkläre, warum die Verleihung des Nobelpreises an FRITZ HABER auch kritisch gesehen wird.

2   Beurteile die Entwicklung des Haber-Bosch-Verfahrens für die Kriegsführung.

Die Ammoniaksynthese

○ **A1** Stelle die Reaktionsgleichung für die Bildung von Ammoniak auf. Gib an, ob es sich um eine endotherme oder eine exotherme Reaktion handelt.

● **A2** Beschreibe mithilfe der abgebildeten Kurven, wie die Ausbeute von Ammoniak bei der Synthese von Temperatur und Druck abhängt.

● **A3** Nach den im Bild dargestellten Kurven wäre die Ammoniak-Ausbeute bei einer Temperatur von 0 °C und einem Druck von 100 MPa am höchsten. Warum wird diese Möglichkeit technisch nicht umgesetzt? Begründe.

● **A4** Gib einen Druckbereich und einen Temperaturbereich an, innerhalb derer sich die Ammoniaksynthese wirtschaftlich sinnvoll durchführen lässt.

Druck: _____   Temperatur: _____

● **A5** Die Ammoniaksynthese wird manchmal auch als „Griff in die Luft" bezeichnet. Begründe.

1 Entwicklung eines Produktes im Labor

2 Herstellung eines Produktes in einem großen Chemiebetrieb

Vom Laborversuch zur Produktion

Von der Entwicklung eines neuen chemischen Produkts bis zum Verkauf ist es ein langer Weg. Bei neuen Medikamenten kann dies über 10 Jahre dauern. Einzelne Schritte vom Laborversuch bis zur Produktion sollen näher betrachtet werden.

Die Planung

Die Leitung des Unternehmens muss zunächst entscheiden, ob ein neues Produkt auf den Markt kommen soll. Dabei ist vor allen Dingen wichtig, ob sich das Produkt auch auf dem Markt verkaufen lässt. Marktforscher werden deshalb beauftragt, die Verkaufschancen eines neuen Produkts eingehend zu untersuchen. Die Kosten für die Entwicklung eines neuen Produkts spielen für das Unternehmen bei der Entscheidung ebenso eine Rolle wie die späteren Produktionskosten.

Die Produktentwicklung

Ist die Entscheidung für ein Produkt gefallen, kann die Produktentwicklung im Labor beginnen. Wichtig ist dabei, die Wirk-samkeit des neuen Produkts sicherzustellen. Daneben sind andere Faktoren wie Umweltverträglichkeit, Gesundheitsrisiken oder die spätere Entsorgung von Bedeutung.

Die technische Herstellung

Wenn ein Produkt im Labor entwickelt und in verschiedenen Verfahren geprüft worden ist, kann es schließlich im großen Maßstab hergestellt werden. Dazu setzt man geeignete Apparaturen ein, die entweder schon vorhanden sind oder erst entwickelt werden müssen.

Die technische Produktion läuft dann überwiegend computergesteuert ab. In diesem Bereich werden vermehrt Fachkräfte für Verfahrenstechnik und Prozesssteuerung eingesetzt.

Die Qualitätskontrolle

Bevor ein Produkt verkauft wird, muss sichergestellt sein, dass die Qualität des hergestellten Produkts auch den Anforderungen entspricht. Diese Qualitätskontrollen müssen in einem chemischen Betrieb ständig durchgeführt werden.

Das Marketing

Die Marketing-Abteilung sorgt dafür, dass das neue Produkt auch gut in den Markt eingeführt wird. So werden beispielsweise Werbefirmen damit beauftragt, das neue Produkt in Filmen oder auf Plakaten überzeugend darzustellen.

Einkauf und Logistik

Hier wird der Kauf und die Anlieferung aller Waren, die für die Produktion benötigt werden, geregelt. Auch der Weg, auf dem das neue Produkt das Unternehmen verlassen soll, wird hier gesteuert.

Das Controlling

Damit die unterschiedlichen Abläufe in einem Unternehmen reibungslos erfolgen können und gut aufeinander abgestimmt sind, werden Controller eingesetzt. Diese übernehmen die Planung, Steuerung und Koordinierung der Produktion.

4 Chemieprodukte im Handel

Arbeitschutz

Nicht immer laufen die Prozesse in einem großen Betrieb ohne gesundheitliche Folgen für die Mitarbeiter ab. In größeren Betrieben findet man daher auch Betriebsärzte, die für die Gesundheit der Mitarbeiter verantwortlich sind.

Von einem Laborversuch bis zur Produktion und Vermarktung eines Produkts sind in einem chemischen Betrieb viele einzelne Schritte notwendig.

3 Chemieprodukte unterliegen ständiger Kontrolle.

AUFGABEN

1 ○ Beschreibe Unterschiede, die es zwischen der Herstellung eines Produkts im Labor und der großtechnischen Herstellung gibt.

2 ◔ Wähle aus dem Text eine Abteilung, in der du gerne arbeiten würdest. Begründe deine Entscheidung.

3 ◔ Wähle aus dem Text zwei Abteilungen aus und informiere dich, welche Berufe dort vorkommen. Beschreibe diese näher. Nutze für deine Recherche das Internet.

4 ● Ein neues Haargel soll auf den Markt kommen. Entwickle eine attraktive Verpackung für dieses Produkt.

1 Chemielaborantinnen bei der Durchführung einer Stofftrennung

2 Chemikant in einem Chemiebetrieb

Berufe mit Chemie

Es gibt eine Vielzahl von Berufen, in denen Chemie eine Rolle spielt. In den folgenden Abschnitten sollen Berufe beschrieben werden, bei denen die Chemie im Mittelpunkt steht. Vielleicht findest du einige interessante Berufe, in denen du auch mal ein Praktikum machen möchtest.

Chemielaborantin / Chemielaborant
Der Beruf der Chemielaborantin / des Chemielaboranten ist ein anerkannter Ausbildungsberuf mit dreieinhalbjähriger Ausbildung. Die Ausbildung findet im Wesentlichen im Ausbildungsbetrieb und in der Berufsschule statt.
Chemielaborantinnen und Chemielaboranten arbeiten in Forschungslaboren, Entwicklungslaboren oder Produktionslaboren (▷ B1). Dort planen sie Versuche, führen sie durch und werten sie aus. Außerdem führen sie Analysen und Synthesen sowie Messungen selbstständig durch. Auch das Herstellen von Präparaten gehört zum Aufgabenbereich. Besonders wichtig ist die Qualitätskontrolle der eingesetzten Rohstoffe und Produkte. Chemielaborantinnen und -laboranten sind zudem in der Lage,

technische Laboreinrichtungen zu bedienen, zu warten und instand zu halten.
Hat man nach einiger Zeit ausreichend Berufspraxis, stehen zahlreiche Aufstiegsmöglichkeiten offen. So kann man Industriemeister/in in der Fachrichtung Chemie, Techniker/in in der Fachrichtung Chemietechnik oder in der Umweltschutztechnik werden sowie Technischer Betriebswirt / Technische Betriebswirtin.

Chemikantin / Chemikant
Chemikantinnen und Chemikanten arbeiten in allen Produktbereichen der chemischen Industrie. Dazu gehört die Herstellung von Arzneimitteln, Kunststoffen, Farben und Lacken, aber auch die Produktion von Pflanzenschutzmitteln und Düngemitteln sowie Kosmetika und Waschmitteln.
Da viele Prozesse in diesen Bereichen ohne Unterbrechung ablaufen müssen, arbeiten Chemikantinnen und Chemikanten häufig in Wechselschichten sowie nachts und an Wochenenden.
Zu den Tätigkeitsbereichen einer Chemikantin und eines Chemikanten gehören die Herstellung unterschiedlicher chemischer

Produkte in großtechnischen Anlagen, die Überprüfung und Wartung von Apparaturen, das Einfüllen von Chemikalien in Kessel und Behälter sowie das Anfahren und Überwachen von Produktionsanlagen (▷ B 2).

Verfahrensmechanikerin / Verfahrensmechaniker

Verfahrensmechanikerinnen und Verfahrensmechaniker werden in unterschiedlichen Bereichen der chemischen Industrie beschäftigt. Sie steuern, bedienen und überwachen beispielsweise die Maschinen, die zur Verarbeitung der Rohstoffe eingesetzt werden. EDV-Kenntnisse sind ebenso wichtig wie ein technisches Interesse.

Werkstoffprüferin / Werkstoffprüfer

Die Werkstoffprüferin / der Werkstoffprüfer führt mit speziellen Prüf- und Messgeräten Prüfungen an Werkstoffproben durch (▷ B 4). Dabei werden die Eigenschaften neuer Werkstoffe und damit ihre Einsatzmöglichkeiten erprobt. Arbeitsplätze gibt es in Werkstofflaboren oder in Materialprüfämtern.

Pharmakantin / Pharmakant

Pharmakantinnen und Pharmakanten sind im Bereich der Herstellung und Verpackung von Arzneimitteln tätig. Zu den Tätigkeiten gehören das Herstellen von festen Arzneimitteln durch Pulverisieren, Granulieren und Tablettieren sowie das Herstellen von flüssigen Arzneimitteln beispielsweise durch Extrahieren. Andere Tätigkeitsbereiche sind die Überprüfung, Reinigung und Wartung von Apparaturen und Behältern, das Einfüllen von Wirkstoffen in Kessel und Behälter sowie das Führen von Protokollbüchern über den Prozessverlauf.

Zu den wichtigsten Ausbildungsberufen im Bereich der Chemie gehören die Berufe Chemielaborant / in, Chemikant / in, Verfahrensmechaniker / in, Werkstoffprüfer / in und Pharmakant / in.

AUFGABEN

1 ○ Zähle praktische Tätigkeiten auf, die ein Chemielaborant / eine Chemielaborantin durchführt.

2 ⊖ Erläutere, warum es wichtig ist, sich im Vorfeld über ein Praktikum zu informieren.

3 ⊖ Auch bei den Berufen Friseur / in, Kosmetiker / in, Lackierer / in, Hauswirtschafter / in, Landwirt / in und Zahntechniker / in spielt die Chemie eine Rolle. Zähle Chemikalien auf, die in diesen Berufen eingesetzt werden.

4 ● Es gibt noch weitere Berufe, die mit Chemie verbunden sind. Stelle eine Liste solcher Berufe zusammen.

3 Verfahrensmechaniker an einer Anlagensteuerung

4 Auszubildende bei der Werkstoffprüfung

Chemie im Beruf

A1 Rund um die Chemie gibt es viele verschiedene Berufe. Oft erkennt man schon an der Berufsbezeichnung, dass man für den Beruf chemische Kenntnisse benötigt. Die Liste zeigt eine Auswahl an Berufen, die mit Chemie im engeren oder weiteren Sinne zu tun haben. Recherchiert in Gruppenarbeit, welche Aufgaben und Arbeitsgebiete mit diesen Berufen verbunden sind. Präsentiert eure Ergebnisse in Form von Plakaten.

- Chemielaborant/in
- Lacklaborant/in
- Chemisch-technische/r Assistent/in
- Chemielaborjungwerker/in
- Biologielaborant/in
- Lebensmitteltechnische/r Assistent/in

- Umweltschutztechnische/r Assistent/in
- Edelmetallprüfer/in
- Umweltschutzlaborant/in
- Chemikant/in
- Pharmakant/in
- Pharmazeutisch-technische/r Assistent/in

- Produktionsfachkraft Chemie
- Biologisch-technische/r Assistent/in
- Landwirtschaftlich-technische/r Assistent/in
- Textillaborant/in
- Stoffprüfer/in
- Verfahrensmechaniker/in

A2 In vielen Berufen spielt die Chemie eine Rolle, ohne dass die Berufsbezeichnung direkt darauf hindeutet. Die Tabelle zeigt einige Berufe, bei denen man z. B. in der Berufsschule auch chemische Kenntnisse vermittelt bekommt. Notiere in der Tabelle, durch welche Arbeitsmittel, Materialien oder Gegenstände man in diesen Berufen mit Chemie in Kontakt kommt und ergänze weitere Beispiele.

Berufsbezeichnung	„chemische" Arbeitsmittel/-gegenstände
Friseur/in	
Metall- und Glockengießer/in	
Hauswirtschafter/in	
Medizinische/r Fachangestellte/r	

Betriebserkundung

Den besten Einblick in ein bestimmtes Berufsfeld bietet eine Betriebserkundung, bei der ihr Personen, die diesen Beruf ausüben, über die Schulter schauen und Fragen stellen könnt.

Damit ihr möglichst viel von der Betriebserkundung habt, solltet ihr gut vorbereitet sein und die Ergebnisse eures Besuchs sorgfältig auswerten.

Der Prozess der Betriebserkundung verläuft in drei Phasen:
1) **Vorbereitungsphase**
2) **Durchführungsphase**
3) **Auswertungsphase**

A1 Notiere zu den einzelnen Phasen konkrete Arbeitsschritte.

Vorbereitungs-phase	
Durchführungs-phase	
Auswertungs-phase	

A2 Notiere dir Fragen, die dich bei der Betriebserkundung besonders interessieren.

Zusammenfassung

Kalkmörtel

Branntkalk erhält man durch das Brennen von Kalkstein. Das Löschen des Brannt-kalks erfolgt durch Zugabe von Wasser. Bei dieser exothermen Reaktion erhält man Löschkalk. Das Gemisch aus Lösch-kalk, Sand und Wasser bezeichnet man als Kalkmörtel.

Baustoffe

Gips, Kalkstein, Zement und Beton bezeich-net man als Baustoffe. Ihre Herstellung ist oft energieaufwändig. Energie, die für das Brennen benötigt wird, wird beim Abbin-den wieder frei.

Silicium

Silicium wird aus Sand gewonnen. Für die Verwendung in Computerchips muss das Silicium sehr rein sein. Durch Destillation erhält man Silicium mit einem Reinheits-grad von 99,9999999 %. Aus diesem Silicium werden die benötigten Wafer hergestellt (▷ B 2).

Katalysatoren

Katalysatoren spielen in der Technik eine wichtige Rolle. Sie sorgen dafür, dass

2 Chips auf einem Wafer

chemische Reaktionen mit einer geringe-ren Aktivierungsenergie ablaufen können. Nach der Reaktion liegen die Katalysatoren unverändert vor.

Ammoniak

Ammoniak, die Verbindung aus Was-serstoff und Stickstoff, ist ein wichtiger Ausgangsstoff in der chemischen Indus-trie. Ammoniak findet z. B. Verwendung in Düngemitteln, Sprengstoffen, Haarfärbe-mitteln oder Salmiak-Pastillen. Hergestellt wird Ammoniak heute mithilfe des Haber-Bosch-Verfahrens.

Haber-Bosch-Verfahren

Das nach Fritz Haber und Carl Bosch benannte Verfahren ermöglicht es, seit Beginn des 20. Jahrhunderts Ammoniak großtechnisch herzustellen. Mithilfe von Katalysatoren, einem hohen Druck und einer Temperatur von ca. 550 °C kann man heute große Mengen an Ammoniak aus Stickstoff und Wasserstoff erzeugen.

Berufe mit Chemie

In der chemischen Industrie findet man viele unterschiedliche Berufe. Chemie-laborant / in, Chemikant / in, Verfahrens-mechaniker / in, Werkstoffprüfer / in oder Pharmakant / in sind nur einige Beispiele für mögliche Ausbildungsberufe (▷ B 1).

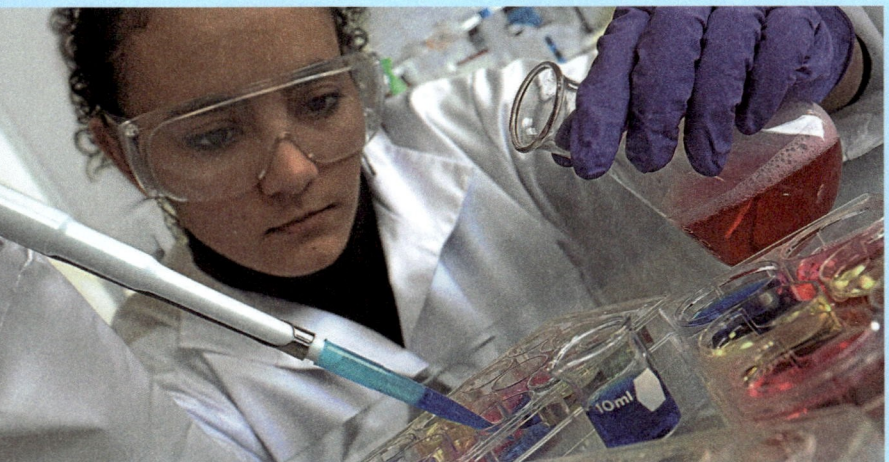

1 Arbeitsplatz in der chemischen Industrie

AUFGABEN

1 ○ Gib die Reaktionsgleichung zur Synthese von Ammoniak aus Stickstoff und Wasserstoff an.

👍 Super! ❓ ► S. 92

2 ○ Nenne 3 Ausbildungsberufe in der chemischen Industrie.

👍 Super! ❓ ► S. 96/97

3 ○ Erläutere, was man unter Zement versteht.

👍 Super! ❓ ► S. 84/85

4 ◕ Erkläre mithilfe einer Schemazeichnung, wie man durch Anwendung des Gegenstromprinzips Energie bei der Zementproduktion einsparen kann.

👍 Super! ❓ ► S. 86

5 ◕ Ammoniak ist ein wichtiger Grundstoff. Erkläre, warum Ammoniak so eine große Bedeutung hat.

👍 Super! ❓ ► S. 90/91

6 ◕ Erläutere, wie man Ammoniumnitrat herstellen kann.

👍 Super! ❓ ► S. 91

7 ◕ Erläutere die Funktionsweise eines Katalysators.

👍 Super! ❓ ► S. 88

8 ◕ Erläutere das Fließschema in Bild 3 und gib die jeweiligen Reaktionsgleichungen dazu an.

👍 Super! ❓ ► S. 90/91

9 ◕ Stickstoffverbindungen können beispielsweise auch aus tierischen Ausscheidungen erhalten werden. Erkläre, warum sie zusätzlich künstlich produziert werden.

👍 Super! ❓ ► S. 92/93

10 ● Plane einen Versuch, mit dem du die Löslichkeit des Ammoniaks in Wasser zeigen kannst.

👍 Super! ❓ ► S. 90/91

11 ● Erkläre, warum der Katalysator bei der Ammoniaksynthese so wichtig ist.

👍 Super! ❓ ► S. 92/93

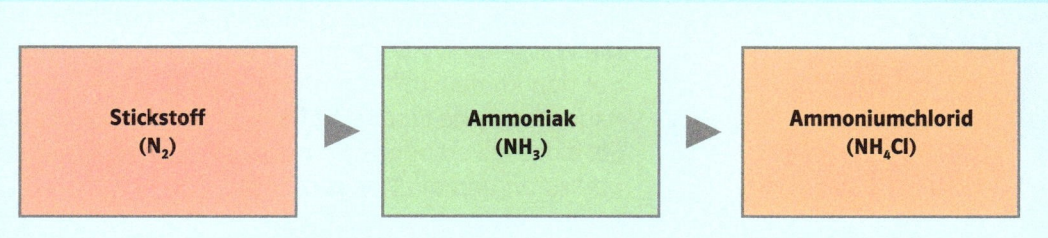

3 Fließschema zur Erzeugung von Ammoniumchlorid

Stoff und Teilchen

Die Chemie beschäftigt sich mit Stoffen und Stoffeigenschaften. Will man die Eigenschaften von Stoffen erklären und nutzen, muss man die Teilchen genauer kennen, aus denen die Stoffe aufgebaut sind. Verbindungen können aus Molekülen oder Ionen aufgebaut sein. Ionen können groß oder klein sein, sie tragen eine positive oder negative elektrische Ladung.

Moleküle können klein, groß oder sogar sehr groß sein. Es gibt sie in sehr unterschiedlicher Form, z. B. kugelförmig, gestreckt oder gewinkelt. Diese große Vielfalt im Teilchenaufbau führt zu einer großen Vielfalt der Eigenschaften der Stoffe. Stoffe mit ähnlichen Eigenschaften bestehen in der Regel aus ähnlich aufgebauten Teilchen. Sie gehören zu einer Stoffklasse.

Wasser

Wasser ist ein Lösungsmittel für viele Stoffe, insbesondere für Salze und polare Stoffe. Der Grund für deren meist gute Löslichkeit liegt im Aufbau des Wasser-Moleküls. Das Wasser-Molekül ist ein Dipol. Das Sauerstoff-Atom zieht die Elektronen der bindenden Elektronenpaare stärker an als die Wasserstoff-Atome. Durch die Verschiebung der Elektronen im Molekül befindet sich am Sauerstoff-Atom eine negative Teilladung. Die Wasserstoff-Atome weisen dagegen eine positive Teilladung auf. Durch den gewinkelten Aufbau des Wasser-Moleküls liegen zwei unterschiedlich geladene Pole vor. Das Sauerstoff-Atom bildet den negativen Pol. Der positive Pol liegt zwischen den beiden Wasserstoff-Atomen. Ein weiteres bekanntes Beispiel für einen Dipol ist das Ethanol-Molekül.

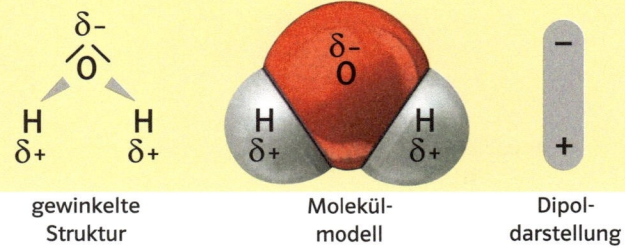

| gewinkelte Struktur | Molekül-modell | Dipol-darstellung |

Das Wasser-Molekül in unterschiedlichen Darstellungen

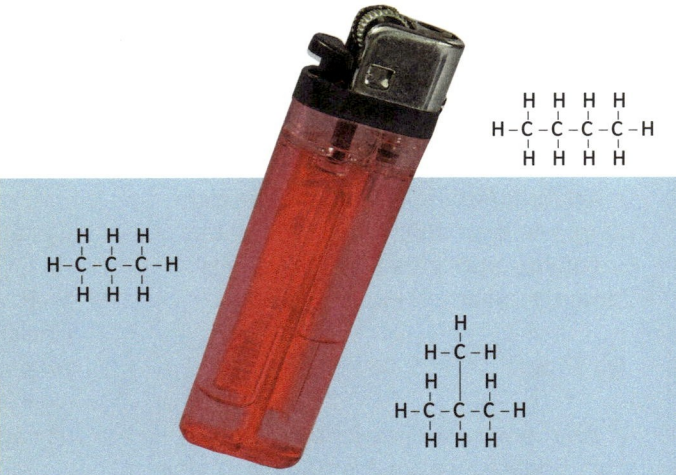

Feuerzeuggas enthält gasförmige Alkane.

Alkane

Die Alkan-Moleküle sind nur aus Kohlenstoff-Atomen und Wasserstoff-Atomen aufgebaut. Die Moleküle der Alkane weisen ein gemeinsames Bauprinzip auf. In den Molekülen sind die Kohlenstoff-Atome jeweils durch Einfachbindungen miteinander verbunden. Die Wasserstoff-Atome sind über Einfachbindungen mit den Kohlenstoff-Atomen verknüpft. Die Alkane haben ähnliche Eigenschaften, die sich innerhalb der Stoffklasse verändern. So nehmen z. B. die Siedetemperaturen und die Viskosität zu.

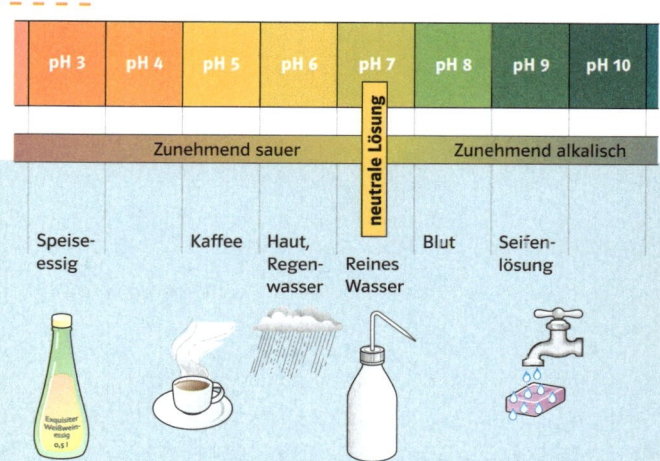

Speise-essig · Kaffee · Haut, Regen-wasser · Reines Wasser · Blut · Seifen-lösung

Wasserstoff-Ionen und Hydroxid-Ionen bestimmen den pH-Wert einer Lösung.

Kunststoffe

Das Ethen-Molekül weist eine Doppelbindung zwischen den Kohlenstoff-Atomen auf. Moleküle mit C=C-Doppelbindungen können sich durch eine Polymerisation zu sehr großen Molekülen, den Makromolekülen, verbinden. Bekannte Polymere des Alltags sind Polyethen (PE), Polypropen (PP), Polyvinylchlorid (PVC) und Polystyrol (PS). Carbonsäuren mit zwei Carboxy-Gruppen und Alkohole mit zwei Hydroxy-Gruppen können sich zu Polyestern verbinden.

Kunststoffe begegnen uns jeden Tag.

Säuren und Laugen

Säuren und Laugen stellen jeweils keine einheitliche Stoffklasse dar. Vielmehr beschreiben sie bestimmte Eigenschaften von Stoffen und Lösungen. Säuren sind Stoffe, die in wässrigen Lösungen Wasserstoff-Ionen bilden.
Diese H^+-Ionen sind verantwortlich für die typischen Eigenschaften saurer Lösungen. Laugen sind wässrige Lösungen, die Hydroxid-Ionen enthalten. Diese OH^--Ionen sind verantwortlich für die alkalischen Eigenschaften der Laugen.

Alkohole und Carbonsäuren

Ethanol begegnet uns in vielen Produkten des Alltags. Ethanol ist ein Alkohol. Auch auf Ethansäure (Essigsäure) treffen wir im täglichen Leben. Ethansäure ist eine Carbonsäure. Alkohole und Carbonsäuren bieten eine große Vielfalt an Stoffen mit unterschiedlichen Eigenschaften. Alkohole und Carbonsäuren bestehen aus Molekülen. Die Moleküle der Alkohole und der Carbonsäuren weisen funktionelle Gruppen auf. Diese funktionellen Gruppen bestimmen die Eigenschaften dieser Stoffe. Die Hydroxy-Gruppe ist die funktionelle Gruppe der Alkohole; die Carboxy-Gruppe ist die funktionelle Gruppe der Carbonsäuren.

Ethanol im Rasierwasser, Salatdressing mit Essigsäure

AUFGABEN

1 ○ Beschreibe an den Beispielen Ethan und Ethanol den Unterschied zwischen einem Alkan und einem Alkanol.

2 ◐ Ein Molekül hat die Formel $C_1H_2O_2$. Entscheide, ob es sich um das Molekül eines Alkans, eines Alkanols oder einer Alkansäure handelt.

3 ● Gegenstände bestehen aus Stoffen. Erläutere, welche Teilchensorten (Atome, Moleküle, Ionen) in den folgenden Gegenständen zu finden sind: Bleistift, Radiergummi, Jeans, PET-Flasche mit Mineralwasser.

Stoff und Teilchen (1)

○ **A1** Das Ethanol-Molekül ist ein Dipol. Schreibe über das Atom mit der positiven Teilladung δ+ und über das Atom, das eine negative Teilladung aufweist, δ-.

$$H-\underset{\underset{H}{|}}{\overset{\overset{H}{|}}{C}}-\underset{\underset{H}{|}}{\overset{\overset{H}{|}}{C}}-\overline{O}-H$$

○ **A2** Ergänze die folgenden Sätze.

Je höher die Konzentration der Wasserstoff-Ionen einer Lösung ist, desto

Je höher die Konzentration der Hydroxid-Ionen einer Lösung ist, desto

● **A3** Ergänze die fehlenden Angaben in der Tabelle.

Vereinfachte Strukturformel	C_3H_7OH	C_2H_5COOH	$C_1H_2O_2$
Vollständige Strukturformel			
Name der Verbindung			
Name der funktionellen Gruppe			

● **A4** Die folgenden Abbildungen zeigen die Ausschnitte der Strukturformeln von zwei Polymeren. Trage die Strukturformeln und Namen der Monomere in die Tabelle ein.

Ⓐ
$$\cdots-\underset{\underset{H}{|}}{\overset{\overset{H}{|}}{C}}-\underset{\underset{H}{|}}{\overset{\overset{H}{|}}{C}}-\underset{\underset{H}{|}}{\overset{\overset{H}{|}}{C}}-\underset{\underset{H}{|}}{\overset{\overset{H}{|}}{C}}-\underset{\underset{H}{|}}{\overset{\overset{H}{|}}{C}}-\underset{\underset{H}{|}}{\overset{\overset{H}{|}}{C}}-\cdots$$

Ⓑ
$$\cdots-\underset{\underset{H}{|}}{\overset{\overset{H}{|}}{C}}-\underset{\underset{CH_3}{|}}{\overset{\overset{H}{|}}{C}}-\underset{\underset{H}{|}}{\overset{\overset{H}{|}}{C}}-\underset{\underset{CH_3}{|}}{\overset{\overset{H}{|}}{C}}-\underset{\underset{H}{|}}{\overset{\overset{H}{|}}{C}}-\underset{\underset{CH_3}{|}}{\overset{\overset{H}{|}}{C}}-\cdots$$

Polymer	A	B
Strukturformel des Monomers		
Name des Monomers		
Name und Kurzzeichen des Polymers		

Wähle aus, welches der beiden Arbeitsblätter du bearbeiten möchtest.

Stoff und Teilchen (2)

A1 Ergänze die fehlenden Angaben in der Tabelle.

Vereinfachte Strukturformel	C_3H_7OH	C_2H_5COOH	$C_1H_2O_2$
Vollständige Strukturformel			
Name der Verbindung			
Name der funktionellen Gruppe			

A2 Die folgenden Abbildungen zeigen die Ausschnitte der Strukturformeln von zwei Polymeren. Trage die Strukturformeln und Namen der Monomere in die Tabelle ein.

Ⓐ
$$\cdots - \underset{\underset{H}{|}}{\overset{\overset{H}{|}}{C}} - \underset{\underset{H}{|}}{\overset{\overset{H}{|}}{C}} - \underset{\underset{H}{|}}{\overset{\overset{H}{|}}{C}} - \underset{\underset{H}{|}}{\overset{\overset{H}{|}}{C}} - \underset{\underset{H}{|}}{\overset{\overset{H}{|}}{C}} - \underset{\underset{H}{|}}{\overset{\overset{H}{|}}{C}} - \cdots$$

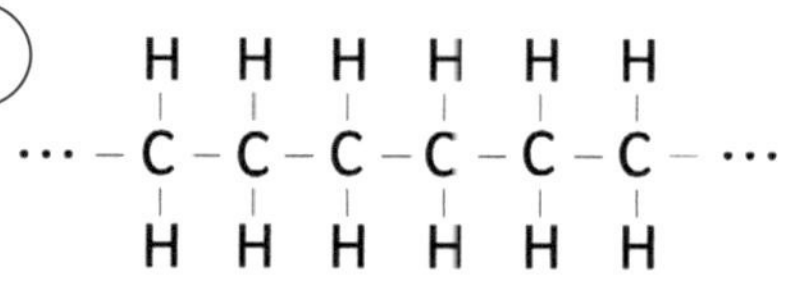

Ⓑ
$$\cdots - \underset{\underset{H}{|}}{\overset{\overset{H}{|}}{C}} - \underset{\underset{CH_3}{|}}{\overset{\overset{H}{|}}{C}} - \underset{\underset{H}{|}}{\overset{\overset{H}{|}}{C}} - \underset{\underset{CH_3}{|}}{\overset{\overset{H}{|}}{C}} - \underset{\underset{H}{|}}{\overset{\overset{H}{|}}{C}} - \underset{\underset{CH_3}{|}}{\overset{\overset{H}{|}}{C}} - \cdots$$

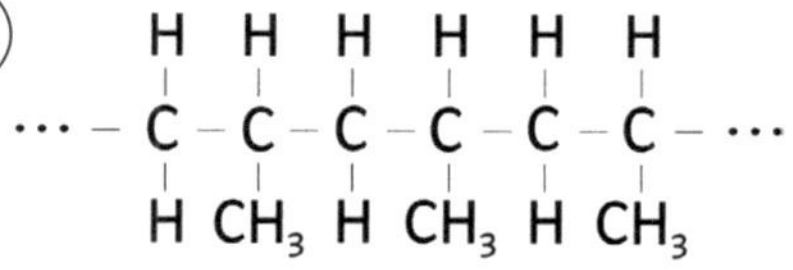

Polymer	A	B
Strukturformel des Monomers		
Name des Monomers		
Name und Kurzzeichen des Polymers		

A3 Erläutere, wie sich der Molekülaufbau und die Eigenschaften der Alkanole innerhalb der homologen Reihe ändern.

_____

_____

_____

_____

_____

_____

Wähle aus, welches der beiden Arbeitsblätter du bearbeiten möchtest.

Struktur und Eigenschaften

Stoffe mit ähnlichen Eigenschaften kann man zu Stoffklassen zusammenfassen. Die Eigenschaften der Stoffe werden durch mehrere Faktoren bestimmt. Ein Faktor ist die Art der Teilchen, aus denen sie bestehen. Das können Atome, Molekeüle oder Ionen sein. Auch die räumliche Anordnung der Teilchen hat Einfluss auf die Eigenschaften. Die Moleküle können z. B. gewinkelt oder gestreckt vorliegen. Ein weiterer Einfluss sind die Anziehungskräfte zwischen den Teilchen. Der räumliche Aufbau der Moleküle beeinflusst die Stärke der Anziehungskräfte zwischen ihnen.

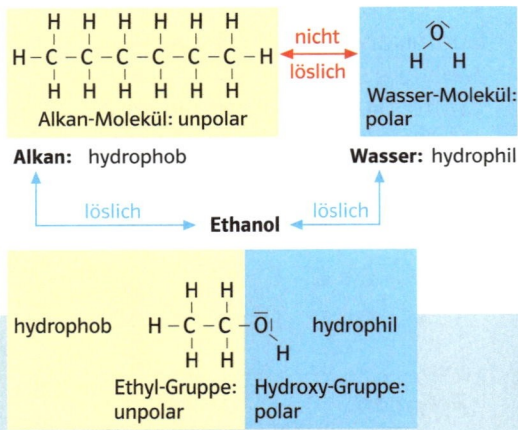

Löslichkeitsverhalten von Ethanol

Wasserstoffbrücken

Das Wasser-Molekül ist ein Dipol. Das Sauerstoff-Atom der stark polaren O-H-Bindung trägt eine negative Teilladung, das Wasserstoff-Atom weist die positive Teilladung auf. Zwischen dem Wasserstoff-Atom eines Moleküls und dem Sauerstoff-Atom eines benachbarten Moleküls wirken Anziehungskräfte. Diese Anziehungskräfte nennt man Wasserstoffbrücken. Diese Wasserstoffbrücken bewirken den starken Zusammenhalt der Wasser-Moleküle untereinander und z. B. die große Oberflächen-Spannung des Wassers. Auch Ethanol-Moleküle bilden untereinander Wasserstoffbrücken aus. Wasser und Ethanol sind in jedem Verhältnis ineinander löslich. Diese Löslichkeit beruht darauf, dass Wasser-Moleküle mit Ethanol-Molekülen Wasserstoffbrücken bilden können.

Die Tropfenform beruht auf Wasserstoffbrücken.

Polar und unpolar

Beim Mischen von Wasser und Benzin bilden sich zwei Schichten. Die beiden Stoffe sind nicht ineinander löslich. Benzin besteht aus Kohlenwasserstoff-Molekülen. Zwischen ihnen herrschen Van-der-Waals-Kräfte. Zwischen Wasser-Molekülen bestehen Wasserstoffbrücken. Kohlenwasserstoff-Moleküle sind unpolar, Wasser-Moleküle sind polar. Alkane sind hydrophob und lipophil, Wasser ist lipophob und hydrophil. Ein Ethanol-Molekül weist eine polare Hydroxy-Gruppe und eine unpolare Ethyl-Gruppe Gruppe auf. Ethanol ist deshalb sowohl in Benzin als auch in Wasser löslich. In Alkanol-Molekülen mit einer langen Kette aus Kohlenstoff-Atomen und Wasserstoff-Atomen hat diese unpolare Gruppe mehr Einfluss auf die Eigenschaften des Alkanols als die kleine Hydroxy-Gruppe.

Van-der-Waals-Kräfte

Innerhalb der homologen Reihe der Alkane nehmen die Siedetemperaturen und die Viskosität zu. Diese Eigenschaften kann man mit den Anziehungskräften erklären, die zwischen den Alkan-Molekülen herrschen. Große Moleküle ziehen sich stärker an als kleine. Die Zunahme der Siedetemperaturen und die Abnahme der Wasserlöslichkeit innerhalb der homologen Reihen der Alkanole und Alkansäuren beruht auf dem mit der Kettenlänge steigenden Einfluss der Van-der-Waals-Kräfte. Die Alkan-Moleküle im Wachs ziehen sich stärker an als die Alkan-Moleküle im Fahrradöl oder Feuerzeuggas.

Vernetzung

Kunststoffe bestehen aus Makromolekülen, den Polymeren. Aufgrund ihres unterschiedlichen Verhaltens bei Wärme und Druck unterteilt man die Kunststoffe in die drei Stoffklassen der Thermoplaste, Elastomere und Duroplaste. Bei Thermoplasten liegen lineare oder wenig verzweigte Moleküle vor. Weitmaschig vernetzte Moleküle bilden die Elastomere. Duroplaste bestehen aus dreidimensional vernetzten Molekülen. Duroplaste und Elastomere schmelzen bei stärkerem Erwärmen nicht, sondern werden zerstört. Beim Erhitzen werden Elektronenpaarbindungen zwischen Kohlenstoff-Atomen der Makromoleküle gespalten.

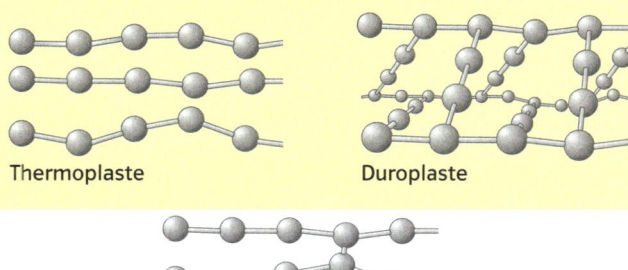

Thermoplaste   Duroplaste

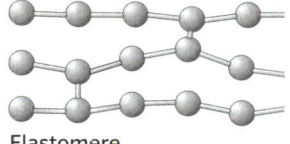

Elastomere

Die Stoffklassen von Kunststoffen

Homologe Reihen

Vergleicht man die Strukturformeln der Alkan-Moleküle, so fällt auf, dass sich die aufeinander folgenden Glieder der Stoffklasse nur um jeweils eine CH_2-Gruppe voneinander unterscheiden. Auch für die homologen Reihen der Alkanole und der Alkansäuren gilt dieses Bauprinzip. Mit der Zunahme der CH_2-Gruppen nimmt der wasserfreundliche (hydrophile) Charakter der Alkanol-Moleküle und der Alkansäure-Moleküle ab und ihr fettfreundlicher (lipophiler) Charakter zu.

Alkane	Alkanole	Alkansäure
Strukturformeln für zwei Beispiele		
H H | | H – C – C – H | | H H	H H | | H – C – C – O̲ – H | | H H	H | H – C – C⟨O̲̲ / O̲ – H | H
H H H | | | H – C – C – C – H | | | H H H	H H H | | | H – C – C – C – O̲ – H | | | H H H	H H | | H – C – C – C⟨O̲̲ / O̲ – H | | H H

Homologe Reihen der Alkane, Alkanole und Alkansäuren

AUFGABEN

1 ○ Ordne die folgenden Stoffe nach steigenden Siedetemperaturen: Hexan, Pentan, Nonan, Ethan.

2 ◕ Ethanol hat eine höhere Siedetemparatur als Propan, obwohl die Moleküle der beiden Stoffe etwa gleich groß sind. Erkläre.

3 ◕ Wird ein Gegenstand aus einem Duroplasten stark erhitzt, wird dieser schwarz, er verkohlt. Erkläre die beschriebene Beobachtung.

4 ● Stelle mithilfe der Strukturformeln einige Wasserstoffbrücken zwischen Ethanol-Molekülen und Wasser-Molekülen dar.

Struktur und Eigenschaften (1)

○ **A1** Trage die fehlenden Angaben in die Tabelle ein.

Name	Strukturformel	Name	
Methan		Methanol	
Ethan		Ethanol	
	H H H H–C–C–C–H H H H		H H H H–C–C–C–Ō–H H H H
	H H H H H–C–C–C–C–H H H H H		H H H H H–C–C–C–C–Ō–H H H H H

○ **A2** Zeichne mithilfe von Punkten die Wasserstoffbrücken ein.
Beschreibe den Zusammenhalt zwischen den Wasser-Molekülen.

_____

_____

_____

◓ **A3** Erläutere den in der Abbildung dargestellten Sachverhalt.

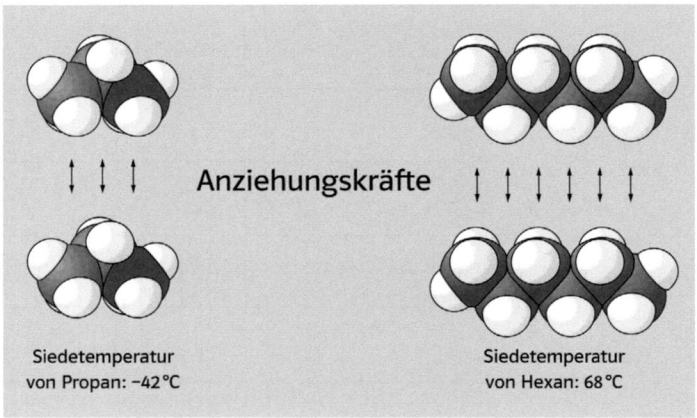

Anziehungskräfte

Siedetemperatur von Propan: –42 °C

Siedetemperatur von Hexan: 68 °C

_____

_____

_____

_____

_____

_____

_____

◓ **A4** Propanol ist sowohl in Benzin als auch in Wasser löslich. Kennzeichne in der Abbildung den hydrophilen Teil und den hydrophoben Teil des Moleküls und erkläre die Löslichkeit des Propanols in Wasser und Benzin.

_____

_____

_____

_____

H H H
H–C–C–C–Ōı
H H H H

Wähle aus, welches der beiden Arbeitsblätter du bearbeiten möchtest.

Struktur und Eigenschaften (2)

A1 Trage die fehlenden Angaben in die Tabelle ein.

Name der homologen Reihe		
Name des Stoffs	Methanol	Ethansäure
Strukturformel		
Name des Stoffs	Butanol	Propansäure
Strukturformel		
Name der funktionellen Gruppe		

A2 Zeichne mithilfe von Punkten die Wasserstoffbrücken ein. Erläutere die gute Löslichkeit von Ethanol in Wasser.

_____

_____

_____

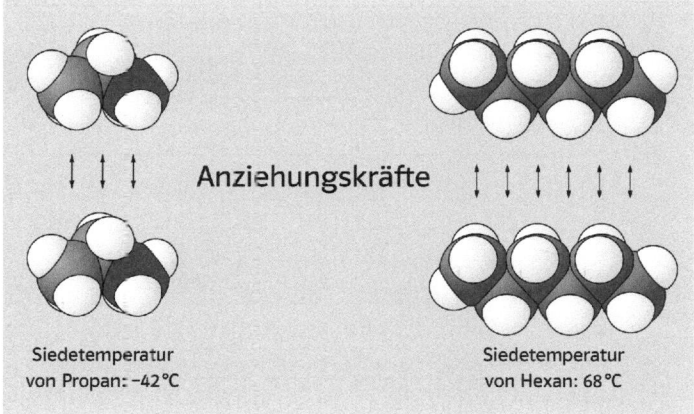

A3 Erläutere den in der Abbildung dargestellten Sachverhalt.

Anziehungskräfte

Siedetemperatur von Propan: –42 °C

Siedetemperatur von Hexan: 68 °C

_____

_____

_____

_____

_____

_____

A4 Einige Nagellackentferner enthalten Ethansäurebutylester als Lösungsmittel. Erläutere, warum der Ester nicht in Wasser löslich ist.

Strukturformel: Ethansäurebutylester

_____

_____

_____

Chemische Reaktion

Allen chemischen Reaktionen ist gemeinsam, dass aus einem oder mehreren Ausgangsstoffen ein oder mehrere Reaktionsprodukte gebildet werden. Die Reaktionsprodukte weisen andere Eigenschaften als die Ausgangsstoffe auf. Die Stoffe bestehen aus Atomen, Molekülen oder Ionen, also nehmen die Teilchen an chemischen Reaktionen teil. Bei vielen chemischen Reaktionen verändern sich die Teilchen, so können z. B. aus Atomen und Molekülen Ionen gebildet werden oder Ionen vereinigen sich zu Molekülen. Man kann chemische Reaktionen mithilfe von Druck, Temperatur und Einsatz eines Katalysators steuern. Stoffkreisläufe vermindern Abfälle, schonen Resourcen und damit auch die Umwelt.

Neutralisation

Bevor saure und alkalische Lösungen in die Umwelt eingeleitet werden, müssen sie neutralisiert werden. Die Neutralisation ist eine exotherme chemische Reaktion, bei der Wasserstoff-Ionen und Hydroxid-Ionen zu Wasser-Molekülen reagieren. Außerdem entstehen Salze. Neutralisationen werden häufig im Alltag und in der Industrie eingesetzt. Auch Spülmaschinen-Tabs enthalten saure und alkalische Bestandteile.

Spülmaschinen-Tabs

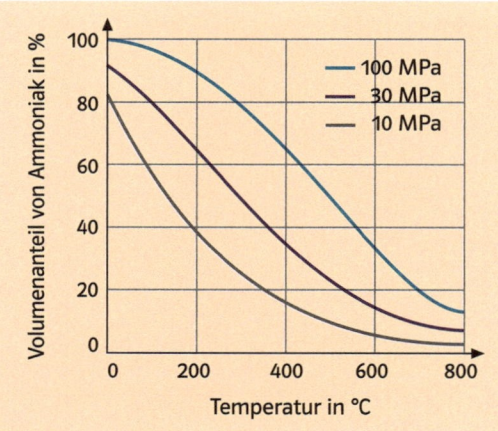

Druck und Temperatur beeinflussen die Ammoniakausbeute.

Reaktionsbedingungen entscheiden

Ammoniak wird aus Stickstoff und Wasserstoff hergestellt. Allerdings reagieren die beiden Stoffe unter Einsatz eines Katalysators erst ab 450 °C. Bei dieser Temperatur und normalem Druck ist die Ausbeute an Ammoniak gering. Durch Erhöhung des Drucks lässt sich die Ammoniakausbeute steigern. Die Gewinnung von Ammoniak aus den Elementen ist ein Beispiel dafür, dass chemische Reaktionen sich durch Druck und Temperatur beeinflussen lassen. Ein Katalysator beeinflusst die Ausbeute nicht.

Ester prägen das Aroma vieler Früchte.

Stoffe nach Wunsch

Aus einer Alkansäure und einem Alkanol kann man einen Ester herstellen. Aus zwei Säuren und zwei Alkanolen kann man schon vier verschiedene Ester gewinnen. Wählt man Alkanole, deren Moleküle zwei Hydroxy-Gruppen aufweisen, und Alkansäuren, deren Moleküle zwei Carboxy-Gruppen aufweisen, kann man Polymere herstellen.

Donator-Akzeptor-Prinzip

Chlorwasserstoff und Ammoniak reagieren zu dem Salz Ammoniumchlorid. Ein Chlorwasserstoff-Molekül gibt dabei jeweils ein Proton an ein Ammoniak-Molekül ab. Es entstehen dadurch Chlorid-Ionen und Ammonium-Ionen. Bei solchen Protonen-Übertragungsreaktionen geben Moleküle oder auch Ionen Protonen ab. Diese Moleküle oder Ionen sind die Protonen-Donatoren. Andere Moleküle oder auch Ionen nehmen diese Protonen auf. Diese Moleküle oder Ionen sind die Protonen-Akzeptoren. Solche Protonen-Übertragungen finden bei vielen chemischen Reaktionen statt. Später lernst du noch Reaktionen kennen, bei denen Elektronen übertragen werden. Mit der Betrachtung des Abgebens und Aufnehmens von Protonen und Elektronen kann man viele chemische Reaktionen ordnen.

Donator-Akzeptor-Prinzip

Stoffkreisläufe

In Stoffkreisläufen laufen mehrere chemische Reaktionen nacheinander ab. Die beteiligten Stoffe werden umgewandelt und wieder neu gebildet. Ein Beispiel ist der technische Kalkkreislauf. Kalkstein wird in einem Steinbruch abgebaut und in einer endothermen Reaktion zu Branntkalk gebrannt. Wird der Branntkalk mit Wasser vermischt, entsteht in einer exothermen chemischen Reaktion Löschkalk. Löschkalk bildet unter Abgabe von Wasser und Aufnahme von Kohlenstoffdioxid wieder Kalkstein. Der Kreislauf ist geschlossen.

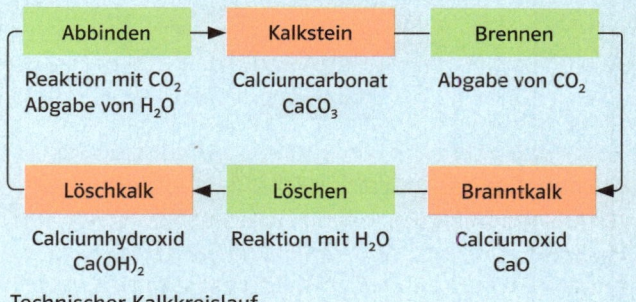

Technischer Kalkkreislauf

AUFGABEN

1 Eine saure Lösung und eine alkalische Lösung reagieren in einer Neuralisationsreaktion.
   ○ a) Nenne die Teilchen, die an einer Neutralisationsreaktion beteiligt sind.
   ◐ b) Formuliere das Reaktionsschema und die Reaktionsgleichung.

2 ◐ In den technischen Kalkkreislauf ist auch ein CO_2-Kreislauf eingeschlossen. Erläutere diesen Zusammenhang.

3 ● Welche der folgenden Verbindungen sind für die Herstellung von Polymeren geeignet? Ethanol, Butandisäure, Ethandiol, Ethansäure, Propantriol. Begründe deine Wahl.

Chemische Reaktion (1)

○ **A1** Der folgende Text weist einige Fehler auf. a) Unterstreiche die falschen Aussagen, b) Schreibe einen berichtigten Text.

Gibt man Natronlauge und Salzsäure gleicher Konzentration zusammen, so kühlt sich die Lösung ab. Es bilden sich Wasser und Kaliumchlorid. Diese chemische Reaktion bezeichnet man als Neutralisation.

_____

_____

_____

_____

◑ **A2** Bevor Kalk als Baumaterial verwendet werden kann, durchläuft er einen Prozess: Vom Kalksteinabbau über das Kalkbrennen und Kalklöschen bis hin zum Abbinden des Kalks nach der Verarbeitung.
a) Ordne den einzelnen Teilschritten dieses Prozesses die folgenden Stoffe und Formeln zu:
Gebrannter Kalk, Calciumcarbonat (2x), Gelöschter Kalk, Ca(OH)$_2$, CaCO$_3$ (2x), CaO
b) Ergänze jeweils die dazugehörigen Reaktionsgleichungen.

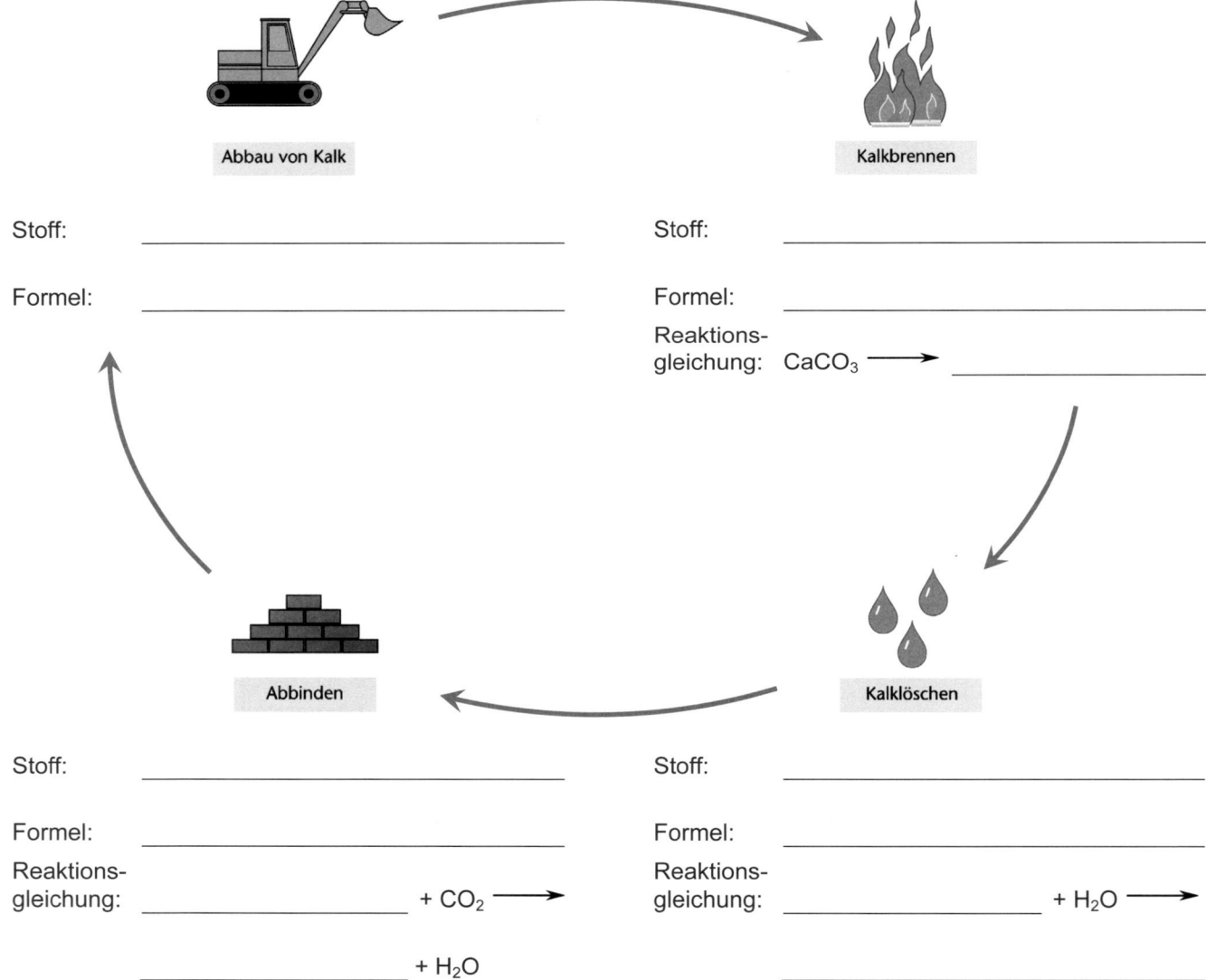

Abbau von Kalk

Stoff: _____

Formel: _____

Kalkbrennen

Stoff: _____

Formel: _____

Reaktions-
gleichung: CaCO$_3$ ⟶ _____

Abbinden

Stoff: _____

Formel: _____

Reaktions-
gleichung: _____ + CO$_2$ ⟶

_____ + H$_2$O

Kalklöschen

Stoff: _____

Formel: _____

Reaktions-
gleichung: _____ + H$_2$O ⟶

_____

Wähle aus, welches der beiden Arbeitsblätter du bearbeiten möchtest.

Chemische Reaktion (2)

A1 Bevor Kalk als Baumaterial verwendet werden kann, durchläuft er einen Prozess: Vom Kalksteinabbau über das Kalkbrennen und Kalklöschen bis hin zum Abbinden des Kalks nach der Verarbeitung. Notiere für jeden Teilschritt dieses Prozesses das dabei entstehende Reaktionsprodukt mit Formel und stelle jeweils eine Reaktionsgleichung dazu auf.

Abbau von Kalk

Stoff: _____

Formel: _____

Kalkbrennen

Stoff: _____

Formel: _____

Reaktions-
gleichung: _____

_____

Abbinden

Stoff: _____

Formel: _____

Reaktions-
gleichung: _____

_____

Kalklöschen

Stoff: _____

Formel: _____

Reaktions-
gleichung: _____

_____

A2 Salzsäure lässt sich nicht nur mit Natronlauge neutralisieren, sondern auch mit einer Ammoniak-Lösung. Erkläre diesen Sachverhalt.

_____

_____

A3 Wenn Wein längere Zeit an der Luft steht, wird er sauer. Ethanol reagiert mit dem Sauerstoff der Luft unter der katalysierenden Wirkung von Essigsäurebakterien zu Essigsäure und Wasser. Formuliere das Reaktions-schema und die Reaktionsgleichung.

_____

_____

Energie

Viele chemische Reaktionen wie beispielsweise Verbrennungsreaktionen werden nur durchgeführt, um die bei der Reaktion abgegebene Energie zu nutzen. Auch bei exotherm ablaufenden Reaktionen muss den Ausgangsstoffen zunächst Aktivierungsenergie zugeführt werden, um die Reaktion auszulösen. Katalysatoren helfen, Reaktionen schneller und bei niedrigeren Temperaturen ablaufen zu lassen. Für die Herstellung vieler Stoffe wie z. B. Ammoniak oder Polyethen sind die Kosten für den Energieeinsatz entscheidend. Das Verbrennen von Wertstoffen sorgt dafür, dass Müllberge nicht so stark anwachsen. Man spricht von energetischer Verwertung. Biokraftstoffe, z. B. Ethanol, können Energieträger aus Erdöl ersetzen.

Energieträger

Aus Erdöl werden Energieträger gewonnen. Diese werden zur Energiegewinnung verbrannt. Dabei entstehen Kohlenstoffdioxid und Wasser. Bei der Verbrennung von Heizöl wird die darin gespeicherte Energie in Wärme umgewandelt und genutzt. Die Wärme kann aber auch in Kraftwerken zur Erzeugung elektrischer Energie genutzt werden. Benzin und Diesel werden in Kraftfahrzeugmotoren verbrannt, um dadurch Bewegungsenergie zu erhalten. Heute wird dem Benzin Ethanol zugemischt, um die Erdölvorräte zu schonen. Ethanol kann man durch Vergären von Biomasse gewinnen.

E10 steht für einen Ethanol-Anteil von 10 % im Benzin.

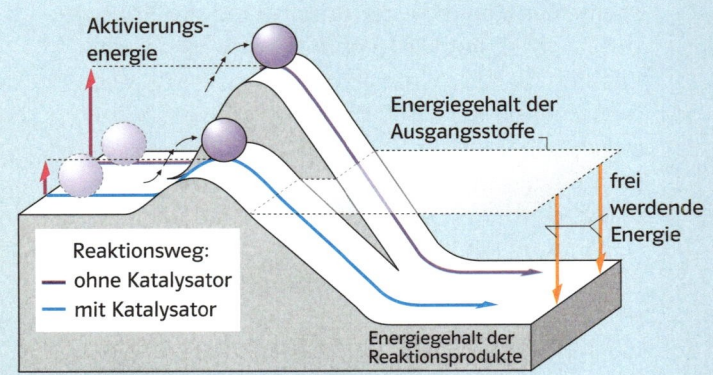

Ablauf einer chemischen Reaktion im Modell

Aktivierungsenergie und Katalysator

Stickstoff und Wasserstoff reagieren bei Raumtemperatur nicht miteinander zu Ammoniak. Stickstoff und Wasserstoff müssten auf sehr hohe Temperaturen erhitzt werden, damit sie miteinander reagieren. Die Energie, die eine chemische Reaktion auslöst, bezeichnet man als Aktivierungsenergie. Mithilfe eines Katalysators kann man die Ammoniaksynthese bei etwa 450 °C durchführen. Katalysatoren sind Stoffe, die die Aktivierungsenergie senken und dadurch die Reaktion beschleunigen können. Katalysatoren bewirken, dass die Reaktion bei einer niedrigeren Temperatur ablaufen kann. Der Katalysator liegt nach der Reaktion unverändert vor.

Altreifen kann man thermisch verwerten.

Exotherm und endotherm

Bei einer exothermen chemischen Reaktion wird Energie an die Umgebung abgegeben. Läuft eine chemische Reaktion nur unter ständiger Energie-zufuhr ab, so liegt eine endotherme chemische Reaktion vor. Für viele großtechnische Prozesse wird Energie benötigt. Der Preis für die Energie ist ein entscheidender Kostenfaktor. Häufig verknüpft man bei der Gewinnung von Stoffen exotherme und endotherme Reaktionen miteinander. Für die Gewinnung von Löschkalk, einem Baustoff, wird als Ausgangsstoff Kalkstein benötigt. Der Kalk-stein wird zunächst durch sehr starkes Erhitzen in einer endothermen Reaktion in Branntkalk über-führt. Den Branntkalk lässt man mit Wasser zu Löschkalk reagieren. Diese Reaktion verläuft stark exotherm.

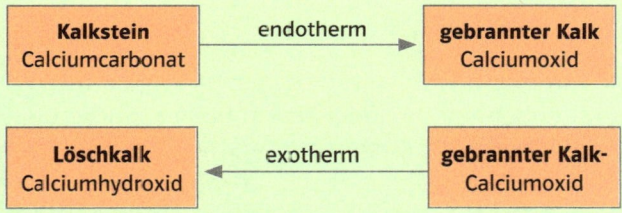

Die Gewinnung von Löschkalk ist mit einer endothermen und einer exothermen Reaktion verknüpft.

Thermisches Verwerten

Durch das Verbrennen von Kunststoffabfällen kann man elektrische Energie und Wärmeenergie gewin-nen. Bei der Verbrennung von z. B. 1 kg Polyethen wird etwa so viel Energie frei wie bei der Verbren-nung von 1 kg Heizöl. Kunststoffabfälle, Altreifen, Benzin, Diesel und Ethanol gehören zu den Sekun-där- oder Ersatzbrennstoffen. Die Verbrennung von Abfällen und Reststoffen hilft, dass die Müllberge langsamer anwachsen. Außerdem wird dadurch der Verbrauch von Erdöl und Kohle gesenkt.

AUFGABEN

1 ○ Formuliere für die vollständige Verbrennung von Heptan und Ethanol jeweils ein Reaktions-schema. Beschreibe, wie sich die Reaktionspro-dukte nachweisen lassen.

2 ○ Beschreibe, worin der Vorteil einer chemi-schen Reaktion unter Einsatz eines Katalysators liegt.

3 ◐ Warum kann es sinnvoll sein, Beutel aus unterschiedlichen Kunststoffen in einem Kraft-werk zu verbrennen? Erläutere.

4 ● Formuliere für die Verbrennung von Heptan und Ethanol jeweils die Reaktionsgleichung.

5 ● Erkläre, warum das Fahren mit Benzin als kli-maschädlicher gilt als das Fahren mit Ethanol.

Energie (1)

○ **A1** Bei der Reaktion einer sauren Lösung mit einer alkalischen Lösung reagieren Wasserstoff-Ionen mit Hydroxid-Ionen zu Wasser-Molekülen. Dabei erwärmt sich die Lösung.

a) Nenne den Fachbegriff für eine solche Reaktion. _____

b) Handelt es sich um eine exotherme oder endotherme chemische Reaktion? Begründe in einem kurzen Satz.

_____

_____

○ **A2** Fülle die Lücken aus, indem du vier der folgenden Wörter einsetzt: *exotherm, Aktivierungsenergie, verbraucht, Stoff, verwendet, endotherm*.

Ein Katalysator ist ein _____, der die _____ herabsetzt. Der Kataly-

sator wird nicht _____; er kann immer wieder _____ werden.

◕ **A3** Betrachte die Abbildung. Hat Kalkstein oder gebrannter Kalk aus Kalkstein den größeren Energiegehalt? Begründe.

_____

_____

_____

_____

_____

_____

◕ **A4** Begründe, warum es sich lohnt, Kunststoffe, die sich weder werkstofflich noch rohstofflich verwerten lassen, zu verbrennen.

_____

_____

_____

_____

Wähle aus, welches der beiden Arbeitsblätter du bearbeiten möchtest.

Energie (2)

A1 Betrachte die Abbildung. Hat Kalkstein oder gebrannter Kalk aus Kalkstein den größeren Energiegehalt? Begründe.

A2 Begründe, warum viele Kraftwerke und Zementwerke gerne Kunststoffabfälle zur Energiegewinnung einsetzen.

Brennstoff	Heizwerk in MJ/kg
Holzpellets	17
Steinkohle	30
Erdgas	32 bis 45
Heizöl	42
Polyethen/ Polpropen	42

A3 Das Auslösen einer chemischen Reaktion durch Zufuhr von Aktivierungsenergie kann man mit dem Anstoßen des ersten Dominosteines in einer Reihe von Dominosteinen vergleichen. Erläutere diesen Vergleich.

A4 Man gibt zu einer Wasserstoffperoxid-Lösung (H_2O_2-Lösung) einige Katalysatorperlen und hält einen glimmenden Holzspan in den Gasraum über der Lösung. Kurz darauf beobachtet man, dass der Holzspan entflammt. Erkläre die beschriebene Beobachtung.

Wähle aus, welches der beiden Arbeitsblätter du bearbeiten möchtest.

Piktogramm	Bezeichnung	Gefahrenklasse
	GHS01 (Explodierende Bombe)	– Explosive Stoffe – Selbstzündliche Stoffe – ...
	GHS02 (Flamme)	– Entzündbare Flüssigkeiten – Entzündbare Gase – ...
	GHS03 (Flamme über einem Kreis)	– Entzündend wirkende Flüssigkeiten und Feststoffe – Entzündend wirkende Gase
	GHS04 (Gasflasche)	– Unter Druck stehende Gase
	GHS05 (Ätzwirkung)	– Metallkorrosiv – Hautätzend – Hautreizend – ...
	GHS06 (Totenkopf mit gekreuzten Knochen)	– Akute Toxizität
	GHS07 (Ausrufezeichen)	– Hautreizend – Augenreizend – Sensibilisierung der Haut – ...
	GHS08 (Gesundheitsgefahr)	– Krebserzeugend – Erbgutverändernd – ...
	GHS09 (Umwelt)	– Gewässergefährdend

1 Gefahrensymbole und ihre Bedeutung

Viele Chemikalien sind mit farbigen Symbolen auf ihren Etiketten gekennzeichnet. Diese Symbole werden **Gefahrenpiktogramme** genannt (▷ B 1). Stoffe mit einer solchen Kennzeichnung sind Gefahrstoffe, mit denen man besonders vorsichtig umgehen muss. Sie können durch Einatmen, Verschlucken oder sogar durch die Haut in den Körper gelangen. Eine Liste mit Gefahrstoffen kann durch Eingabe des unten stehenden Prisma-Codes in das Suchfeld auf www.klett.de abgerufen werden.

Die Gefahrenpiktogramme
Ein Gefahrenpiktogramm umfasst häufig mehrere Gefahrenklassen (▷ B 1). So kann zum Beispiel das Gefahrenpiktogramm GHS 05 bedeuten, dass der Stoff zur Gefahrenklasse „Metallkorrosiv", „Hautreizend", „Hautätzend", „Schwere Augenschädigung" oder „Augenreizung" gehört.

Signalwörter, H- und P-Sätze
Signalwörter auf dem Chemikalien-Etikett geben Auskunft über das Ausmaß der Gefährdung durch diesen Stoff. Es gibt zwei unterschiedliche Signalwörter, nämlich „Gefahr" für schwerwiegende Gefahren und „Achtung" für weniger schwerwiegende Gefahren:

Gefahr　　**Achtung**

Die **Gefahrenhinweise** sind in den **H-Sätzen** zusammengefasst (englisch: hazard, Gefahr). Die H-Sätze weisen auf die besonderen Gefahren beim Umgang mit einem Gefahrstoff hin. Die **Sicherheitshinweise** sind in den **P-Sätzen** enthalten (englisch: precautionary, vorbeugend). Die P-Sätze geben Ratschläge für den sicheren und sachgerechten Umgang mit einem Gefahrstoff.

Entsorgung von Gefahrstoffen
Reste von Gefahrstoffen, die nach einem Experiment übrig bleiben, werden in dafür vorgesehene, gekennzeichnete Entsorgungsgefäße gegeben.

Für Gefahrstoffe wurden nach bisherigem Gefahrstoffrecht Etiketten verwendet, die folgende Hinweise enthalten (▷ B 1):

– Bezeichnung (Name) des Stoffes
– Gefahrensymbol
– Kennbuchstabe
– Gefahrenbezeichnung
– Hinweise auf besondere Gefahren (R-Sätze)
– Sicherheitsratschläge (S-Sätze)

Durch diese Angaben können entsprechende Sicherheitsmaßnahmen wie die Verwendung von Schutzhandschuhen und Schutzbrillen oder das Bereitstellen von Feuerlöschern getroffen werden.

Gefahrensymbole und Kennbuchstaben

Eine schnelle Information über die Hauptgefahr eines Stoffes ist durch das **Gefahrensymbol** möglich. Anhand dieses Symbols lässt sich sofort erkennen, ob ein Stoff z. B. giftig, ätzend, feuergefährlich oder gesundheitsschädlich ist.

Einige Gefahrensymbole können jedoch auch mehrere Bedeutungen haben. So steht das Totenkopfsymbol sowohl für giftige als auch für sehr giftige Stoffe, das Flammensymbol sowohl für hochentzündliche als auch für leichtentzündliche Stoffe. Deshalb wird dem Symbol noch ein **Kennbuchstabe** hinzugefügt, z. B. der Buchstabe T für „Giftig" und der Buchstabe T+ für „Sehr giftig" bzw. der Buchstaben F für „Leichtentzündlich" und F+ für „Hochentzündlich" (▷ B 2).

R- und S-Sätze

Neben dem Gefahrensymbol weisen **R-Sätze** (risk, englisch für „Gefahr") auf die besonderen Gefahren beim Umgang mit dem Stoff hin. Ein R-Satz kann als Zahl oder als Text angegeben werden, z. B. R23 oder „Giftig beim Einatmen".

Sicherheitsratschläge werden durch **S-Sätze** (security, englisch für „Sicherheit")

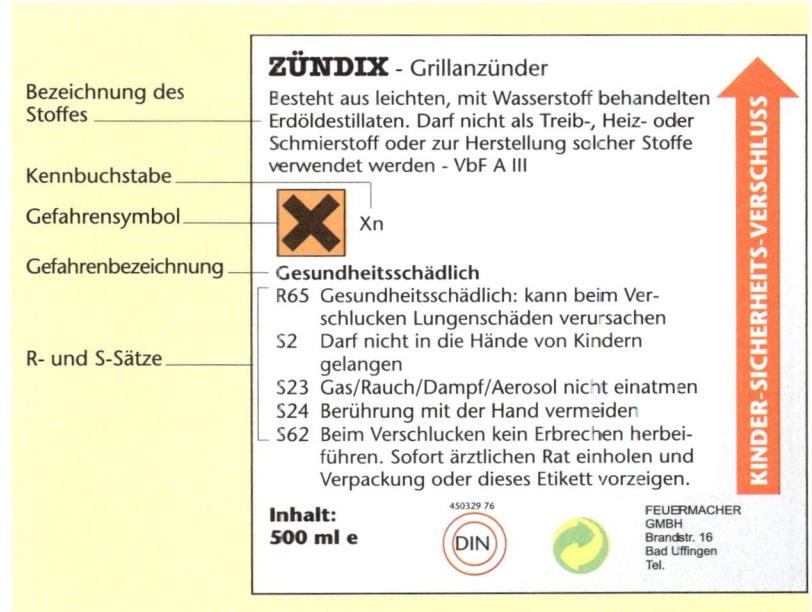

1 Etikett mit Gefahrenhinweisen

angegeben. Auch diese können als Zahl oder als Text angegeben sein, z. B. S24 oder „Berührung mit der Haut vermeiden". Häufig werden R- und S-Sätze auch als Kombinationen angegeben, z. B. R37/38, „Reizt die Atmungsorgane und die Haut".

Symbol	Kennbuchstabe, Gefahrenbezeichnung	Symbol	Kennbuchstabe, Gefahrenbezeichnung
	T+ Sehr giftig		E Explosionsgefährlich
	T Giftig		O Brandfördernd
	Xn Gesundheitsschädlich		F+ Hochentzündlich
	Xi Reizend		F Leichtentzündlich
	C Ätzend		N Umweltgefährlich

2 Bisherige Gefahrensymbole und ihre Bedeutung

Entsorgungsplan

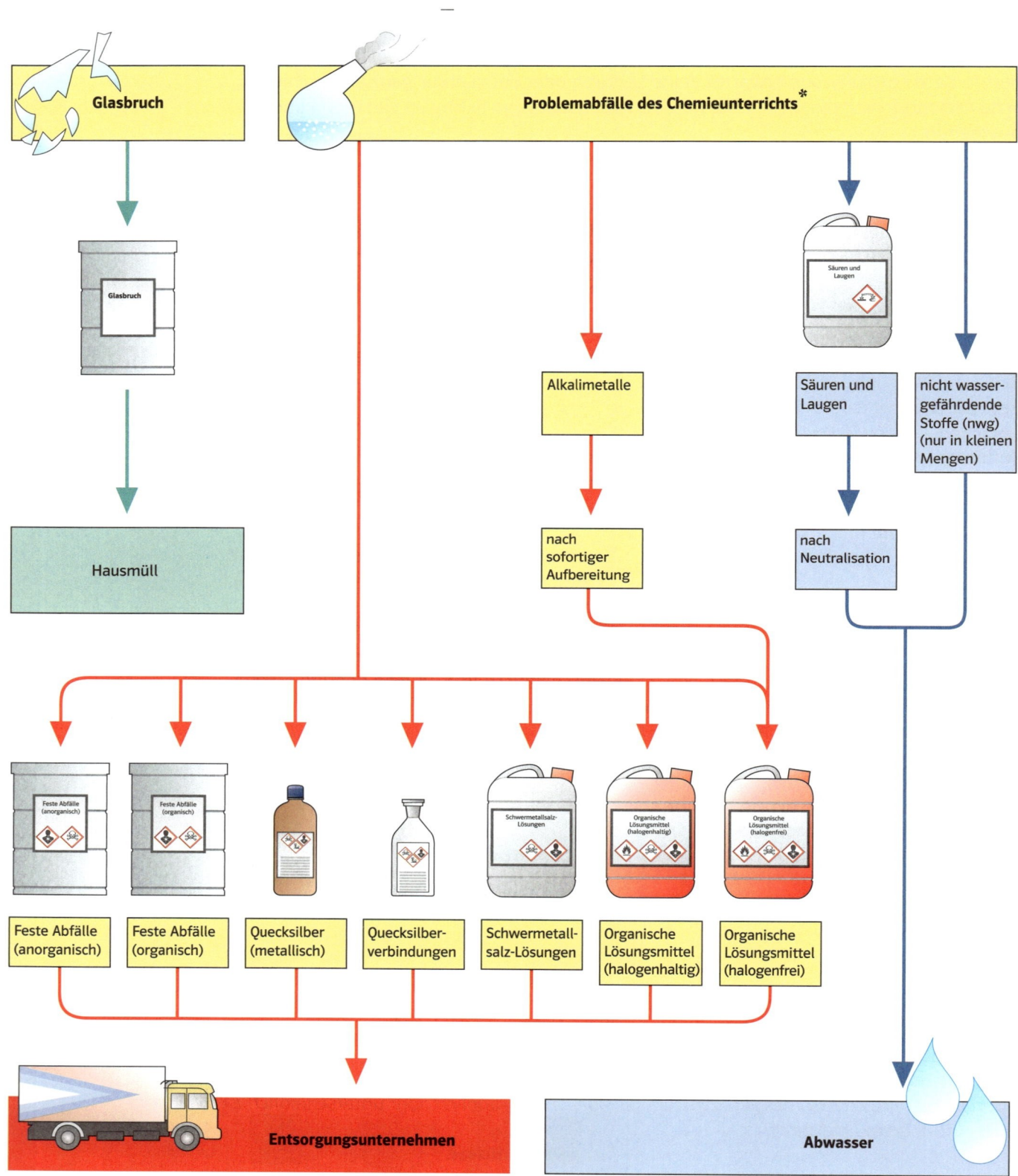

*Problemabfälle müssen in geeigneten Sammelgefäßen aus Kunststoff oder Glas gesammelt werden.

Jede Aufgabe enthält einen klaren Arbeitsauftrag an dich, du musst ihn nur richtig erkennen. Je nach Formulierung erwartet deine Lehrerin oder dein Lehrer ganz unterschiedliche Antworten von dir. Diese Liste hilft dir, Arbeitsaufträge richtig zu verstehen und zu bearbeiten.

angeben/aufschreiben/aufzählen/nennen
Begriffe, Informationen oder Aussagen zusammentragen

auswerten
Ergebnisse und Schlüsse zum Beispiel aus einem Text oder Diagramm ziehen

begründen
Ursachen, Gesetze oder Beweise für etwas anführen

benennen/beschriften
Begriffe zuordnen

beschreiben
eine Sache durch Fachbegriffe und in eigenen Worten wiedergeben

beurteilen
erkennen, ob eine Aussage zutrifft, und das Ergebnis begründen

bewerten/Stellung nehmen
dir eine eigene Meinung bilden, begründen und äußern, wie du zu dem Sachverhalt stehst (gut oder schlecht)

darstellen
ein Ergebnis umfassend präsentieren

diskutieren
Meinungen austauschen, einander gegenüberstellen und abwägen

dokumentieren/protokollieren
alles Wichtige zu einem Thema oder Versuch aufschreiben und aufzeichnen

eine Vermutung formulieren
überlegen, was das Ergebnis sein könnte

einen Versuch planen
überlegen, wie ein Versuch aufgebaut, durchgeführt und ausgewertet werden könnte

erklären
eine Sache mit Regeln, Gesetzmäßigkeiten oder Ursachen darstellen

erläutern
eine Sache nachvollziehbar und verständlich darstellen

interpretieren/deuten
eine Information, die in einem Sachverhalt steckt, herausarbeiten

ordnen/zuordnen
verschiedene Sachen wie Gegenstände, Geschehnisse usw. in eine richtige Reihenfolge bringen

präsentieren
ein Referat, ein Plakat oder das Ergebnis einer Gruppenarbeit vorstellen

recherchieren
zu einem bestimmten Thema Informationen sammeln

skizzieren
eine Zeichnung erstellen, die nur das Wichtigste enthält

vergleichen
Dinge in Beziehung setzen und erkennen, was gleich, ähnlich oder unterschiedlich ist

zusammenfassen
das Wichtigste herausschreiben oder wiedergeben

Dezimale Vielfache und Teile von Einheiten

Kürzel	Vorsatz	Faktor		
p	Piko	10^{-12}	=	0,000 000 000 001
n	Nano	10^{-9}	=	0,000 000 001
μ	Mikro	10^{-6}	=	0,000 001
m	Milli	10^{-3}	=	0,001
c	Zenti	10^{-2}	=	0,01
d	Dezi	10^{-1}	=	0,1
da	Deka	10^{1}	=	10
h	Hekto	10^{2}	=	100
k	Kilo	10^{3}	=	1000
M	Mega	10^{6}	=	1 000 000
G	Giga	10^{9}	=	1 000 000 000
T	Tera	10^{12}	=	1 000 000 000 000

Griechische Zahlwörter (nach chemischer Nomenklatur)

½	hemi	10	deca
1	mono	11	undeca
2	di	12	dodeca
3	tri	13	trideca
4	tetra	14	tetradeca
5	penta	15	pentadeca
6	hexa	16	hexadeca
7	hepta	17	heptadeca
8	octa	18	octadeca
9	nona	19	enneadeca
10	deca	20	eicosa

Umrechnung von Masseneinheiten

Tonne t	Kilogramm kg		Gramm g		Milligramm mg
1t	=	1000 kg			
	=	1 kg	=	1000 g	
			1 g	=	1000 mg

Umrechnung von Volumeneinheiten

Kubik-meter m^3	Kubikdezi-meter dm^3		Kubikzenti-meter cm^3		Kubikmilli-meter mm^3
1m^3 =	1000 dm^3				
	1dm^3 (l)	=	1000 cm^3 (ml)		
			1cm^3	=	1000 mm^3

Größen und Einheiten

Größe	Zeichen	Einheit	Zeichen	Beziehung
Masse	m	Gramm Kilogramm	g kg	
Volumen	V	Kubikmeter Liter Milliliter	m^3 l ml	
Dichte	ϱ		g/cm^3	$\varrho = \frac{m}{V}$
Stoffmenge	n	Mol	mol	$n = \frac{m}{M}$
Molare Masse	M		g/mol	
Celsiustemperatur	ϑ	Grad Celsius	°C	
Stromstärke	I	Ampere Milliampere	A mA	
Spannung	U	Volt Millivolt	V mV	
Energie	E	Joule Kilojoule	J kJ	

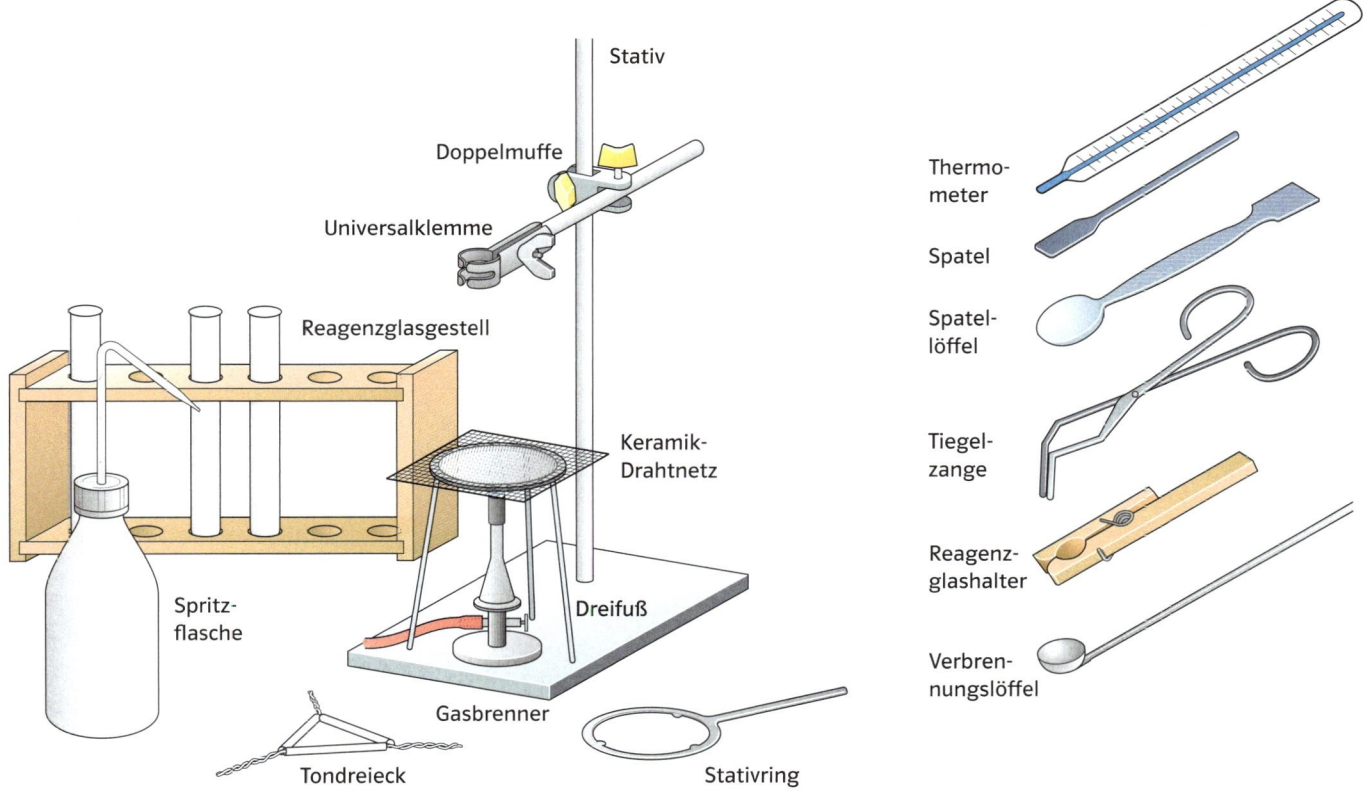

Stativ

Doppelmuffe

Universalklemme

Reagenzglasgestell

Keramik-Drahtnetz

Dreifuß

Spritz-flasche

Gasbrenner

Tondreieck

Stativring

Thermo-meter

Spatel

Spatel-löffel

Tiegel-zange

Reagenz-glashalter

Verbren-nungslöffel

Schnittzeichnungen einiger Laborgeräte

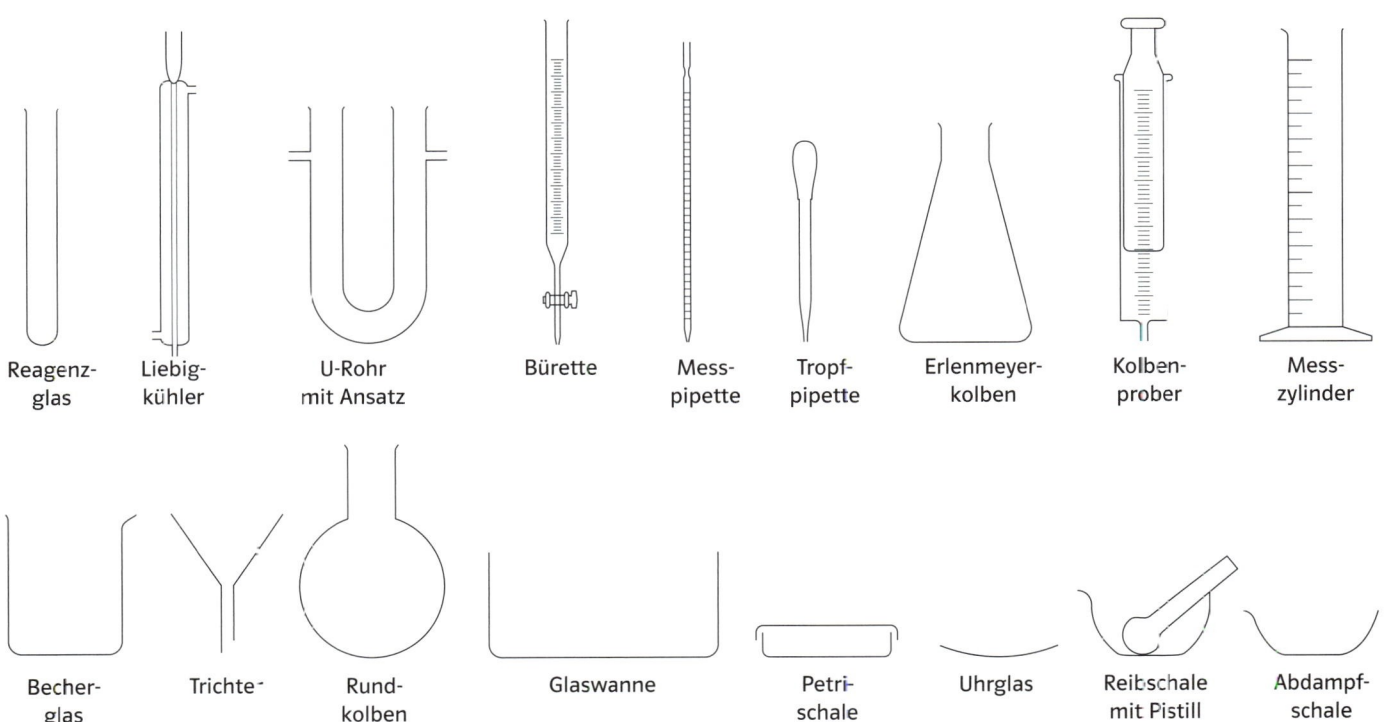

Reagenz-glas

Liebig-kühler

U-Rohr mit Ansatz

Bürette

Mess-pipette

Tropf-pipette

Erlenmeyer-kolben

Kolben-prober

Mess-zylinder

Becher-glas

Trichter

Rund-kolben

Glaswanne

Petri-schale

Uhrglas

Reibschale mit Pistill

Abdampf-schale

1 Rundum sauber

1 Wasser ist geruchlos, farblos, durchsichtig und bei Raumtemperatur flüssig. Seine Schmelztemperatur beträgt 0 °C und seine Siedetemperatur 100 °C. Als Reinstoff leitet es den elektrischen Strom nicht.

2 Trinkwasser enthält gelöste Mineralstoffe und Gase. Der Reinstoff Wasser besteht nur aus Wasser-Molekülen. Es enthält keine Teilchen anderer Stoffe.

3 Lösungsmittel sind Flüssigkeiten, in denen sich andere Stoffe lösen. Beispiele für Lösungsmittel sind Wasser, Benzin oder Ethanol.

4 In einem Wasser-Molekül sind an einem Sauerstoff-Atom zwei Wasserstoff-Atome über Elektronenpaar-Bindungen verbunden. Das Sauerstoff-Atom ist in der Lage, die bindenden Elektronen stärker an sich heranzuziehen. Die negativ geladenen Elektronen der Bindung sind somit in Richtung des Sauerstoff-Atoms verschoben. Im Molekül befindet sich am Sauerstoff eine negative Teilladung $\delta-$. An den Wasserstoff-Atomen bilden sich positive Teilladungen $\delta+$ aus. Weil das Molekül gewinkelt ist, bilden sich zwei unterschiedlich geladene Pole aus. Das Molekül ist ein Dipol.

5 Die Wasser-Moleküle lagern sich mit ihrem negativen Pol an die positiv geladenen Natrium-Ionen an. An die negativen Chlorid-Ionen lagern sich die Wasser-Moleküle mit ihrem positiven Pol an. Die Ionen lösen sich dadurch aus ihren festen Plätzen im Kristallgitter und sind schließlich vollständig von einer Wasserhülle umgeben. Der Natriumchlorid-Kristall hat sich aufgelöst.

6 a) Hexan:
Summenformel: C_6H_{14}
Strukturformel

b) Butanol:
Summenformel: C_4H_9OH
Strukturformel:

c) Ethansäure:
Summenformel: CH_3COOH
Strukturformel:

7 Alkane sind unpolare Stoffe. Deshalb lagern sich ihre Moleküle nicht an die geladenen Ionen der Salze an. Die unpolaren Moleküle der Alkane können somit die einzelnen Ionen nicht umhüllen und aus dem Kristallgitter lösen. Alkane sind keine Lösungsmittel für Salze.

8 Je langkettiger die Alkan-Moleküle, desto stärker sind die Anziehungskräfte zwischen den Molekülen, desto höher ist die Viskosität und desto höher ist die Siedetemperatur des Stoffes.

9 Das Ethanol-Molekül besteht aus einer polaren Hydroxy-Gruppe und einer kurzen unpolaren Kohlenwasserstoff-Kette. Deshalb ist es in der Lage, hydrophile und hydrophobe Stoffe zu lösen.

10 Fettsäuren sind Carbonsäuren, die am Aufbau der Fette beteiligt sind. Die meisten Fettsäuren haben lange Kohlenstoffketten im Molekül.

11 a) Das Molekül besitzt als funktionelle Gruppe eine Hydroxy-Gruppe. Es gehört zur Stoffklasse der Alkanole.
b) Das Molekül besitzt als funktionelle Gruppe eine Carboxy-Gruppe. Es gehört zur Stoffklasse der Alkansäuren.

12 Seife bildet in Wasser Seifen-Anionen. Diese besitzen eine hydrophile COO^--Gruppe und eine hydrophobe Kohlenwasserstoff-Kette. Die Seifen-Anionen verteilen sich an der Wasseroberfläche. Da die Kohlenwasserstoff-Kette wasserabstoßend wirkt, ragt sie aus dem Wasser heraus in die Luft, siehe Bild 1. Der hydrophile Teil der Seifen-Anionen taucht hingegen in die Wasseroberfläche ein und wird von Wasser-Molekülen umhüllt. An der Grenzfläche zwischen Flüssigkeit und Luft

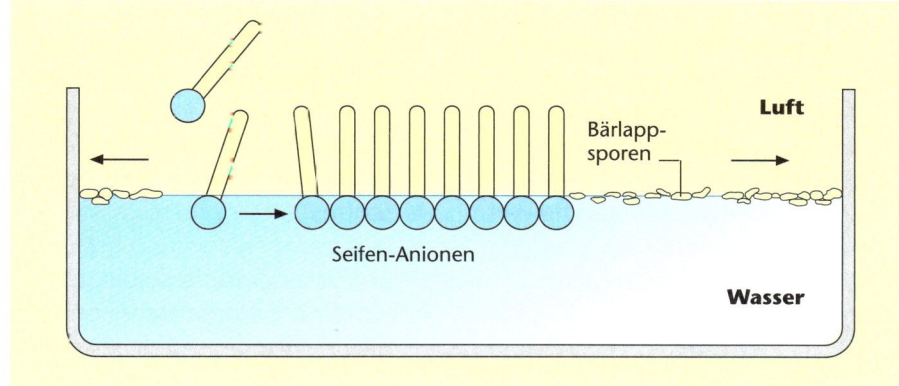

Luft

Bärlapp-sporen

Seifen-Anionen

Wasser

1 Zu Aufgabe 12

befinden sich nun die unpolaren Kohlenwasserstoff-Ketten. Zwischen ihnen wirken nur die schwachen Van-der-Waal-Kräfte. Zwischen Wasser-Molekülen wirken hingegen starke Anziehungskräfte, die Wasserstoffbrücken. Da diese aber nicht mehr an der Oberfläche wirken können, nimmt die Oberflächen-Spannung ab.

2 Säuren und Laugen

1 Universalindikator zeigt in alkalischen Lösungen die Farben grünblau, blaugrün oder blau. In sauren Lösungen zeigt er die Farben gelb, orange oder rot und in neutralen Lösungen die Farben grün oder grüngelb.

2 Legt man einen Spitzer aus Magnesium in Essig, so fängt es stark an zu sprudeln und wird warm. Es bilden sich viele kleine Gasbläschen, die aufsteigen. Das Gas kann man auffangen und mit der Knallgasprobe als Wasserstoff nachweisen.

3 a) Chlorid-Ion: Cl^-
b) Hydroxid-Ion: OH^-
c) Wasserstoff-Ion: H^+
d) Oxonium-Ion: H_3O^+
e) Natrium-Ion: Na^+

4 Bei jeder Neutralisation entsteht Wasser H_2O.

5 Die Aussage ist falsch. Säuren sind feste, flüssige oder gasförmige Reinstoffe, die mit Wasser saure Lösungen bilden.

6 Kalk reagiert mit sauren Lösungen. Um zu zeigen, dass Muscheln aus Kalk bestehen, gibt man z. B. Essig darüber. Bei der Reaktion entsteht ein Gas, das man in Kalkwasser leitet. Die Trübung des Kalkwassers ist ein Nachweis für Kohlenstoffdioxid.

7 Laugen und die Lösungen von Säuren und Salzen leiten den elektrischen Strom, weil sie frei bewegliche Ionen enthalten. Wenn eine Zuckerlösung nicht den elektrischen Strom leitet,

kann man daraus schließen, dass sie keine frei beweglichen Ionen enthält. (Zucker besteht aus Molekülen, die beim Lösen in Wasser nicht in Ionen zerfallen).

8 Neutralisation
Wasser
Wasserstoff-Ion
Hydroxid-Ion

9 a) Kalk ist chemisch Calciumcarbonat. Carbonate reagieren mit sauren Lösungen unter Bildung von Kohlenstoffdioxid.
b) In Essig ist Essigsäure enthalten. Beim Entkalken kommt es nicht auf die Art der Säure an. Es muss lediglich eine saure Lösung verwendet werden, also eine Lösung, die H^+-Ionen enthält.
c) Aus dem Vergleich der pH-Werte lässt sich ersehen, dass die Salzsäure bei gleichem Massenanteil sehr viel mehr H^+-Ionen enthält. Die Ionen sind für die saure Lösung und damit für die Reaktion mit dem Kalk entscheidend.
d) Diese Forderung ist sachlich kaum zu rechtfertigen. Auch bei „natürlichen" Entkalkern wie Essig oder Citronensäure-Lösung handelt es sich um Chemikalien.

10 Kaliumsulfat kann man auf folgende Weise herstellen:
Kalilauge + Schwefelsäure $\longrightarrow$ Wasser + Kaliumsulfat
$2\ KOH + H_2SO_4 \longrightarrow 2\ H_2O + K_2SO_4$

3 Kunststoffe

1

Vorteile von Kunststoffen	Nachteile von Kunststoffen
lassen sich preisgünstig in viele Formen bringen	kratzempfindlich
geringe Dichte	werden nur sehr langsam in der Umwelt abgebaut
rosten im Vergleich zu eisenhaltigen Gegenständen nicht	unbeständig gegenüber Hitze, Licht und bestimmten Lösungsmitteln

2 Ethen gehört zur Stoffgruppe der Alkene und besitzt im Molekül eine Doppelbindung zwischen den beiden Kohlenstoff-Atomen.

3 Der Satz muss richtig lauten: „Polymere sind Makromoleküle, die durch Polymerisation der Monomere hergestellt werden."

4 Bei der Polymerisation reagieren viele Monomere, die eine Doppelbindung besitzen, zu Polymeren, die Einfachbindungen besitzen. Ethen besitzt eine Doppelbindung und kann deshalb als Monomer eingesetzt werden. Bei der Herstellung von Polyethen reagieren sehr viele Ethen-Moleküle zu langen Polyethen-Molekülen.

5

Name des Kunststoffes	Polyethen
Name des Monomers	Ethen
Kunststoffgruppe	Thermoplast
Eigenschaft	beim Erwärmen verformbar
Verwendungsbeispiel	Flasche

6 Dem Namen Ethandiol kann man entnehmen, dass die Moleküle jeweils zwei Hydroxy-Gruppen haben; dem Namen Ethandisäure kann man entnehmen, dass die Moleküle zwei Carboxy-Gruppen aufweisen. Monomere mit jeweils zwei Hydroxy-Gruppen und zwei Carboxy-Gruppen können Polymere bilden.

7 Wenn Kunststoffe als Werkstoffe wiederverwertet werden sollen, müssen sie nach Kunststoffgruppen sortiert vorliegen, also sortenrein sein. Sortenreine Thermoplaste können durch Umschmelzen wieder zu Gegenständen geformt werden.

8 Die Lösung findest du in Bild 2.

9 Die Lösung findest du in Bild 3.

10 Ein Beispiel für einen Gegenstand aus einem duroplastischen Kunststoff ist ein Tablett. Es ist nicht verformbar und schmilzt nicht in der Wärme. Allerdings kann es beim Herunterfallen zerbrechen. Diese Eigenschaften lassen sich mit der Struktur der Polymere erklären, aus denen Duroplaste aufgebaut sind: Lange Molekülketten sind untereinander durch viele Bindungen verknüpft. Man sagt, Duroplaste sind engmaschig vernetzt. Da diese Bindungen relativ stark sind, wird viel Energie benötigt, um sie aufzubrechen. Leichte Stöße oder warme Teller auf dem Tablett beeinflussen die Struktur nicht. Erst wenn genügend Energie durch starkes Erhitzen zugeführt wird, zerbrechen Elektronenpaar-Bindungen und der Kunststoff zersetzt sich. Die Struktur der Moleküle wird zerstört.

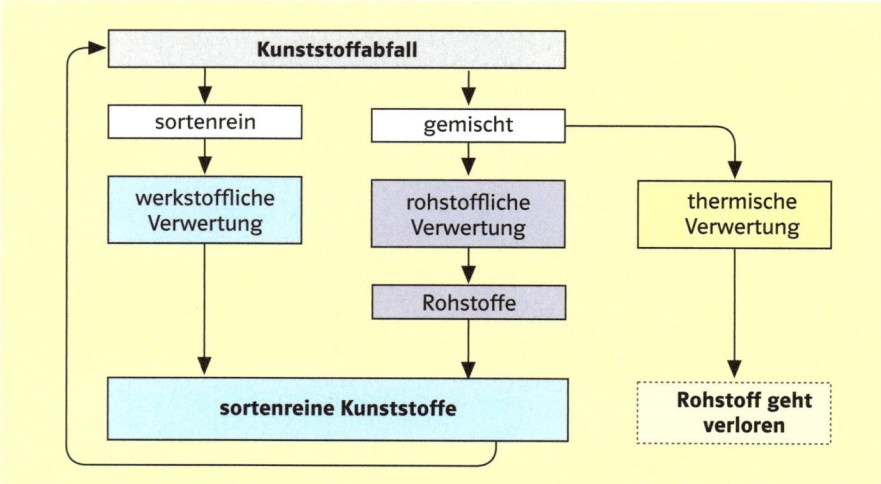

2 Lösung zu Aufgabe 8

$$\underset{H}{\overset{H}{C}}=\underset{H}{\overset{H}{C}} + \underset{H}{\overset{H}{C}}=\underset{H}{\overset{H}{C}} + \underset{H}{\overset{H}{C}}=\overset{H}{C} + \cdots \longrightarrow \cdots -\overset{H}{\underset{H}{C}}-\overset{H}{\underset{H}{C}}-\overset{H}{\underset{H}{C}}-\overset{H}{\underset{H}{C}}-\overset{H}{\underset{H}{C}}-\overset{H}{\underset{H}{C}}- \cdots$$

3 Lösung zu Aufgabe 9

4 Stoffe industriell herstellen

1 Stickstoff + Wasserstoff ⟶ Ammoniak:
$N_2 + 3\,H_2 \longrightarrow 2\,NH_3$

2 Beispiele sind Chemielaborantin/Chemielaborant, Chemikantin/Chemikant, Pharmakantin/Pharmakant.

3 Zement ist ein Baustoff, den man durch Brennen von Kalkstein, Ton und Mergel erhält. Beim Anrühren mit Wasser bindet Zement ab.

4 Mögliches Schema siehe Bild 3: Wenn zwei unterschiedlich warme Stoffe in entgegengesetzter Richtung aneinander vorbeifließen, tritt Wärme vom warmen Stoff in den kalten über.

5 Ammoniak ist ein Grundstoff der chemischen Industrie, der in großer Menge benötigt wird, z. B. für die Herstellung von Dünger. Er wird aber auch in Kältemaschinen oder in Haarfärbemitteln eingesetzt.

6 Durch Zusammengeben der Säure Salpetersäure mit Ammoniak kann man Ammonimnitrat herstellen. Dabei verbinden sich die beiden Stoffe in einer chemischen Reaktion miteinander zu Ammonimnitrat.

7 Katalysatoren sind Stoffe, die die Aktivierungsenergie einer chemischen Reaktion herabsetzen. Sie sorgen dafür, dass zwei Stoffe „einfacher" miteinander reagieren können. Nach der Reaktion liegen die Katalysatoren unverändert vor.

8 Stickstoff reagiert mit Wasserstoff zu Ammoniak:
$N_2 + 3\,H_2 \longrightarrow 2\,NH_3$
Ammoniak reagiert mit Chlorwasserstoff zu Ammoniumchlorid:
$NH_3 + HCl \longrightarrow NH_4Cl$

9 Der Bedarf an Stickstoffverbindungen ist sehr hoch und auf Grund des steigenden Bedarfs an Nahrungsmitteln steigt er auch weiterhin an.

Mithilfe der natürlichen Stickstoffverbindungen lässt sich dieser Bedarf nicht decken. Daher ist es nötig, Stickstoffverbindungen technisch herzustellen.

10 Man füllt einen Rundkolben mit Ammoniakgas und verschließt ihn mit einem Stopfen, in dem ein Glasrohr steckt. Die Öffnung des Glasrohres hält man in Wasser, dem Univeralindikatorlösung zugesetzt ist.

11 Für die Reaktion von Stickstoff mit Wasserstoff müssen Druck und Temperatur hoch sein. Dabei zerfällt der größte Teil des Ammoniaks allerdings sofort wieder. Der Katalysator sorgt dafür, dass die Reaktion bei niedrigeren Temperaturen abläuft. Dadurch steigt die Ausbeute an Ammoniak.

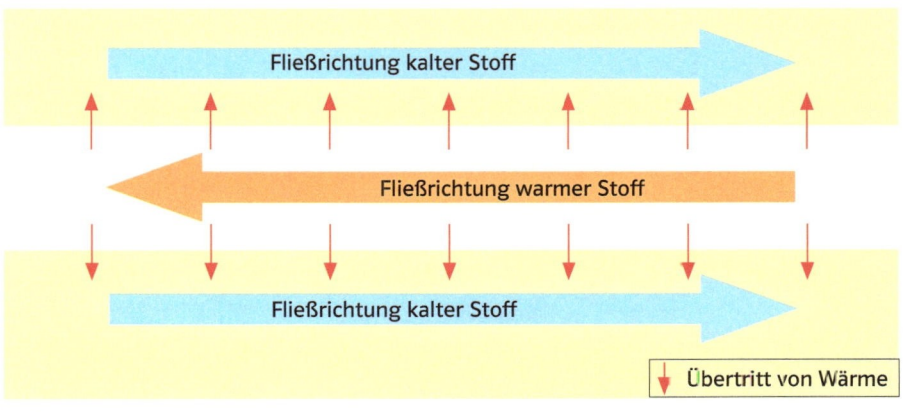

4 Zu Aufgabe 4

Ordnungszahl	Elementsymbol	Beschreibung der Abbildung
1	H	**Wasserstoff** wird in Stahlflaschen mit roter Flaschenschulter aufbewahrt.
2	He	**Helium** wird in Stahlflaschen mit brauner Flaschenschulter aufbewahrt.
3	Li	**Lithium** wird wegen seiner hohen Reaktionsfähigkeit unter Paraffinöl aufbewahrt.
4	Be	elementares **Beryllium**
5	B	elementares **Bor**
6	C	**Kohlenstoff** in der Erscheinungsform Graphit
7	N	**Stickstoff** wird in Stahlflaschen mit schwarzer Flaschenschulter aufbewahrt.
8	O	**Sauerstoff** wird in Stahlflaschen mit weißer Flaschenschulter aufbewahrt.
9	F	**Fluor** wird in Stahlflaschen mit gelber Flaschenschulter aufbewahrt.
10	Ne	**Neon** erzeugt bei der elektrischen Entladung in Leuchtstoffröhren rotes Licht.
11	Na	**Natrium** wird wegen seiner hohen Reaktionsfähigkeit unter Paraffinöl aufbewahrt.
12	Mg	**Magnesium**band
13	Al	**Aluminium**folie wird als Verpackungsmaterial für Lebensmittel verwendet.
14	Si	**Silicium** ist der Grundbestandteil in Mikrochips.
15	P	schwarzer und weißer **Phosphor**
16	S	**Schwefel** in Stangenform
17	Cl	**Chlor** ist gelbgrün und besitzt eine bleichende Wirkung.
18	Ar	**Argon** erzeugt bei der elektrischen Entladung in Leuchtstoffröhren blaues Licht.
19	K	**Kalium** wird wegen seiner hohen Reaktionsfähigkeit unter Paraffinöl aufbewahrt.
20	Ca	elementares **Calcium**
21	Sc	elementares **Scandium**
22	Ti	Künstliche Hüftgelenke sind zumeist aus **Titan**.
23	V	**Vanadium** ist als Legierungsbestandteil in Werkzeugen enthalten.
24	Cr	Sanitär-Armaturen werden häufig mit einer **Chrom**schicht überzogen.
25	Mn	**Mangan**haltiger Stahl (z.B. für technische Federn) hat eine große Härte und Festigkeit.
26	Fe	Nägel sind oft aus **Eisen**.
27	Co	In Rasierklingen (verschleißfestes Schneiden) ist **Cobalt** als Legierungsbestandteil enthalten.
28	Ni	In wiederaufladbaren Nickel-Metallhydrid-Akkumulatoren dienen **Nickel**verbindungen als Anode.
29	Cu	**Kupfer**draht
30	Zn	**Zink**beschichtung z.B. auf Gießkannen dienen als Rostschutz.
31	Ga	**Gallium** ist bei Raumtemperatur zähflüssig.
32	Ge	Wegen ihres hohen Brechungsindexes werden **Germanium**verbindungen dem Glas von optischen Linsen beigemengt.
33	As	**Arsen** ist als Arsen-Gallium-Legierung in Leuchtdioden enthalten. Dort ist es für die rote Farbe verantwortlich.
34	Se	**Selen** ist in Selen-Hefe-Tabletten enthalten, welche die Regenerierung von Haut, Haaren und Nägeln fördern.

Ordnungszahl	Elementsymbol	Beschreibung der Abbildung
35	Br	**Brom** besitzt eine braungelbe Farbe. Es liegt bei Raumtemperatur als Flüssigkeit und Gas vor.
36	Kr	**Krypton** ist als Füllgas in vielen Glühlampen enthalten.
37	Rb	**Rubidium** wird wegen seiner hohen Reaktionsfähigkeit in zugeschmolzenen Glasröhrchen aufbewahrt.
38	Sr	**Strontium** wird wegen seiner hohen Reaktionsfähigkeit unter Paraffinöl aufbewahrt.
39	Y	**Yttrium**verbindungen verursachen die rote Farbe in manchen Lasern.
40	Zr	**Zirconium** verbrennt unter hellem Leuchten und wird deshalb in Blitzlampen eingesetzt.
41	Nb	**Niob** wird als Legierungsbestandteil in chirurgischen Geräten (z. B. Arztscheren) verwendet.
42	Mo	**Molybdän** wird als Anodenwerkstoff in Elektronenröhren (z. B. Bildröhren) verwendet.
43	Tc	radioaktives **Technetium**
44	Ru	**Ruthenium**legierungen sind besonders hart. Sie werden deshalb z. B. für Federn von Füllfederhaltern verwendet.
45	Rh	**Rhodium** dient als Beschichtungsmaterial für medizinische Geräte (z. B. Mundspiegel beim Zahnarzt).
46	Pd	Zahnkronen bestehen meist aus **Palladium**-Gold-Legierungen.
47	Ag	Silberbesteck besteht aus einer **Silber**legierung oder ist mit einer Silberschicht überzogen.
48	Cd	**Cadmium** bildet die Kathode in wiederaufladbaren Nickel-Cadmium-Akkumulatoren.
49	In	**Indium**verbindungen werden vor allem in der Halbleiterindustrie z. B. zur Herstellung von Transistoren eingesetzt.
50	Sn	Konservendosen (Weißblech) bestehen aus **Zinn**legierungen.
51	Sb	**Antimon**-Blei-Schmelzen dehnen sich beim Erstarren aus. Sie dienen als Gusswerkstoffe für Bleilettern.
52	Te	**Tellur** wird bei der Herstellung von Autoreifen zur Vulkanisierung benötigt.
53	I	**Iod** ist schwarzviolett und sublimiert bei Raumtemperatur zu violettem Ioddampf.
54	Xe	**Xenon** wird als Füllgas für Hochdrucklampen verwendet.
55	Cs	**Caesium** wird wegen seiner hohen Reaktionsfähigkeit in zugeschmolzenen Glasröhrchen aufbewahrt.
56	Ba	**Barium** wird wegen seiner hohen Reaktionsfähigkeit unter Paraffinöl aufbewahrt.
72	Hf	elementares **Hafnium**
73	Ta	Aufgrund seiner chemischen Widerstandsfähigkeit wird **Tantal** in Kondensatoren verwendet.
74	W	Wegen seiner hohen Schmelztemperatur wird **Wolfram** als Glühdraht in Glühlampen verwendet.
75	Re	Wegen seiner hohen Schmelztemperatur wird **Rhenium** als Glühdraht in elektrischen Feuerzeugen verwendet.
76	Os	**Osmium** wird gerne als Platin-Legierungsbestandteil, z. B. für Kompassnadeln, verwendet.
77	Ir	Viele chirurgische Geräte (z. B. Injektionsnadeln) bestehen aus **Iridium**legierungen.
78	Pt	Die Hohlräume des Autoabgaskatalysators sind oft mit **Platin** beschichtet. Platin wirkt als Katalysator.
79	Au	**Gold**barren
80	Hg	**Quecksilber** wird zur Füllung von vielen Flüssigkeitsthermometern verwendet.
81	Tl	**Thallium** ist sehr giftig und fruchtschädigend. Es wird daher in einem verschlossenen Gefäß aufbewahrt.
82	Pb	**Blei** bildet in Autoakkus die Anode.
83	Bi	**Bismut** wird als Schmelzdraht in Schmelzsicherungen verwendet.

Periodensystem der Elemente

I (1)

| 1 | 1,0 **H**
1
Wasserstoff |

	mittlere Atommasse in u — 186,2		Elementsymbol
	Ordnungszahl — 75 **Re**		
	Metalle		■ fest
	Halbmetalle		■ gasförmig
	Nichtmetalle		■ flüssig
	Elementname — Rhenium		

Nebengruppen

Periode	I (1)	II (2)	III A (3)	IV A (4)	V A (5)	VI A (6)	VII A (7)	VIII A (8/9/...)
2	6,9 **Li** 3 Lithium	9,0 **Be** 4 Beryllium						
3	23,0 **Na** 11 Natrium	24,3 **Mg** 12 Magnesium						
4	39,1 **K** 19 Kalium	40,1 **Ca** 20 Calcium	45,0 **Sc** 21 Scandium	47,9 **Ti** 22 Titan	50,9 **V** 23 Vanadium	52,0 **Cr** 24 Chrom	54,9 **Mn** 25 Mangan	55,8 **Fe** 26 Eisen / 58,9 **C** 27 Coba
5	85,5 **Rb** 37 Rubidium	87,6 **Sr** 38 Strontium	88,9 **Y** 39 Yttrium	91,2 **Zr** 40 Zirconium	92,9 **Nb** 41 Niob	95,9 **Mo** 42 Molybdän	98 **Tc** 43 $4{,}2 \cdot 10^6$a Technetium	101,1 **Ru** 44 Ruthenium / 102,9 **R** 45 Rhodiu
6	132,9 **Cs** 55 Caesium	137,3 **Ba** 56 Barium	57–71 Lanthanoide ↓	178,5 **Hf** 72 Hafnium	180,9 **Ta** 73 Tantal	183,8 **W** 74 Wolfram	186,2 **Re** 75 Rhenium	190,2 **Os** 76 Osmium / 192,2 **Ir** 77 Iridiu
7	223 **Fr** 87 22 min Francium	226 **Ra** 88 1600 a Radium	89–103 Actinoide ↓	267 **Rf** 104 78 min Rutherfordium	268 **Db** 105 29 h Dubnium	271 **Sg** 106 2 min Seaborgium	270 **Bh** 107 61 s Bohrium	270 **Hs** 108 23 s Hassium / 278 **M** 109 Meitner

Lanthanoide	138,9 **La** 57 Lanthan	140,1 **Ce** 58 Cer	140,9 **Pr** 59 Praseodym	144,2 **Nd** 60 Neodym	145 **Pm** 61 17,7 a Promethium	150,4 **Sm** 62 Samarium	152,0 **E** 63 Europiu

Actinoide	227 **Ac** 89 22 a Actinium	232 **Th** 90 $1{,}4 \cdot 10^{10}$ a Thorium	231 **Pa** 91 $3{,}3 \cdot 10^4$ a Protactinium	238 **U** 92 $4{,}5 \cdot 10^9$ a Uran	237 **Np** 93 $2{,}1 \cdot 10^6$ a Neptunium	244 **Pu** 94 $8{,}0 \cdot 10^7$ a Plutonium	243 **A** 95 7370 Americi

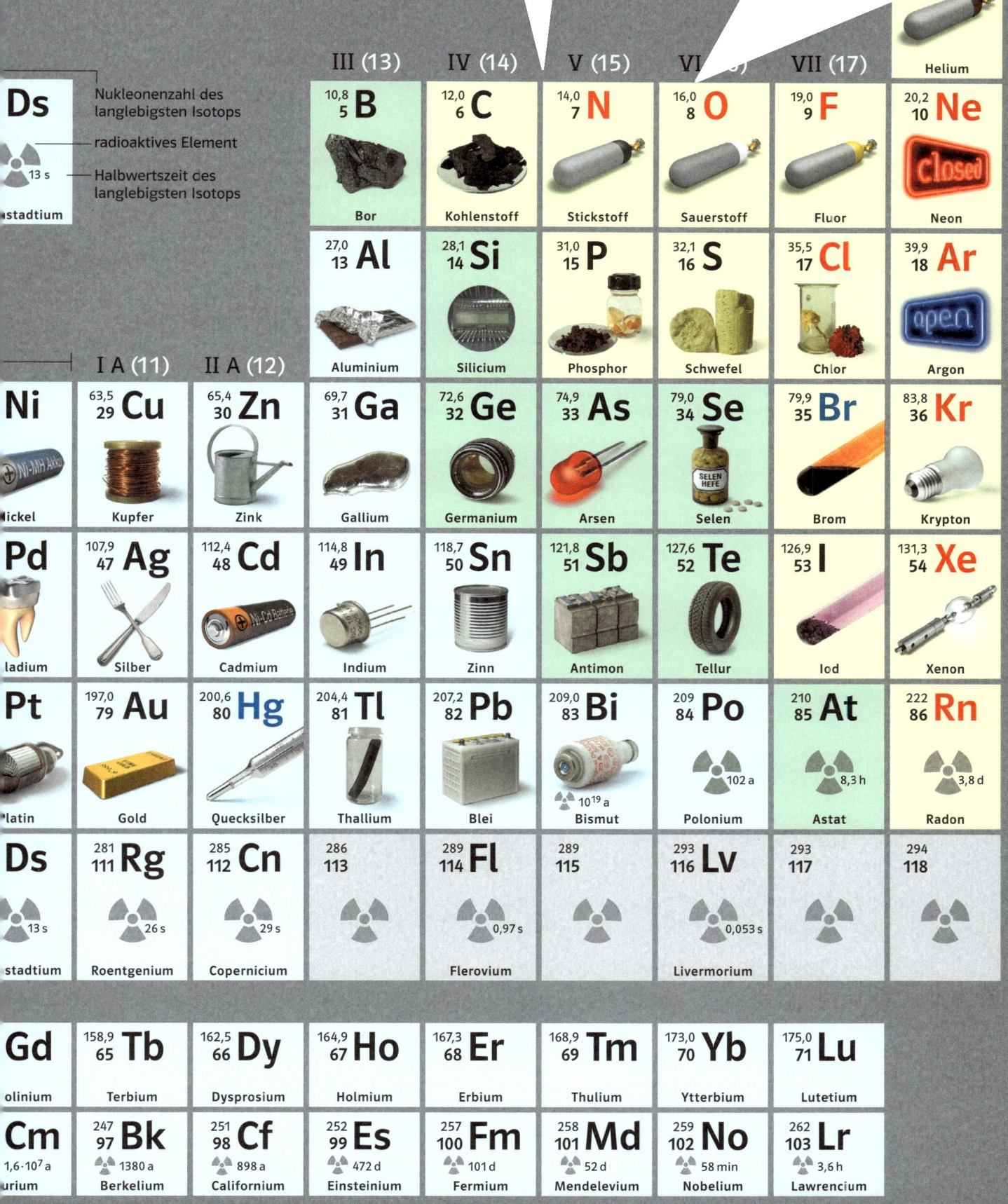

Bildnachweis

U1.1 plainpicture GmbH & Co. KG (apply pictures), Hamburg; **U1.2** Avenue Images GmbH (Tetra Images), Hamburg; **2.1** Getty Images (the Agency Collection), München; **2.2** Getty Images (JazzIRT), München; **3.3** Getty Images (PhotoAlto Agency RF/Michele Constantini), München; **3.4** Getty Images (E+/hsvrs), München; **6.1** plainpicture GmbH & Co. KG (I. Miczka), Hamburg; **6.2** Corbis (Roman Maerzinger/Westend61), Düsseldorf; **7.3** plainpicture GmbH & Co. KG (Cultura), Hamburg; **7.4** Corbis (Tyson Ellis/Lived In Images), Düsseldorf; **8.1** Thinkstock (Wavebreak Media), München; **8.2A**; **8.2B** Klett-Archiv (Zuckerfabrik digital), Stuttgart; **10.2** Fotolia.com (Omega60), New York; **10.1A; 10.1B; 10.1C** Seilnacht, Thomas, Bern; **11.1** Okapia (Hermann Eisenbeiss), Frankfurt; **11.2** Klett-Archiv (Zuckerfabrik digital), Stuttgart; **12.1** Klett-Archiv, Stuttgart; **16.1** Seilnacht, Thomas, Bern; **20.1** Ullstein Bild GmbH (Buddy Bartelsen), Berlin; **20.3** Klett-Archiv, Stuttgart; **23.1** Kage Mikrofotografie, Lauterstein; **23.2** Getty Images (Lonely Planet), München; **23.3** dreamstime.com (Gloria P. Meyerle), Brentwood, TN; **27.2** Picture-Alliance (Kay Nietfeld), Frankfurt; **27.3** StockFood GmbH (Innerhofer Photodes.), München; **28.1** Thinkstock (Photos.com/Jupiterimages), München; **32.1** Corbis (Heide Benser), Düsseldorf; **32.2** Getty Images (StockFood Creative/FoodPhotography Eising), München; **33.3** Avenue Images GmbH (STOCK4B-RF), Hamburg; **33.4** Getty Images (Stockbyte/Andrew Dernie), München; **34.1** Seilnacht, Thomas, Bern; **34.2** Klett-Archiv (Zuckerfabrik Digital), Stuttgart; **36.1** shutterstock (marylooo), New York, NY; **36.2** shutterstock (Gayvoronskaya_Yana), New York, NY; **38.1** Thinkstock (Photodisc), München; **38.2** Thinkstock (iStockphoto), München; **39.3** Klett-Archiv, Stuttgart; **40.2** Klett-Archiv, Stuttgart; **43.1** Klett-Archiv, Stuttgart; **44.1** Mauritius Images (Rosenfeld), Mittenwald; **44.2A** Klett-Archiv (Rolf Strecker), Stuttgart; **44.2B** Okapia (Lond. Sc.films), Frankfurt; **45.1** Thinkstock (iStockphoto), München; **47.1** Klett-Archiv, Stuttgart; **48.1** Werner & Mertz GmbH, Mainz; **48.2** shutterstock (Bernhard Richter), New York, NY; **49.4** Klett-Archiv, Stuttgart; **50.1** Seilnacht, Thomas, Bern; **53.3** Klett-Archiv, Stuttgart; **58.1** Klett-Archiv (Zuckerfabrik Digital), Stuttgart; **60.1** plainpicture GmbH & Co. KG (Aldo Pavan), Hamburg; **60.2** Getty Images (Ashley Cooper/Visuals Unlimited, Inc.), München; **60.3** plainpicture GmbH & Co. KG (Bildhuset/Björn Abelin), Hamburg; **61.4** Getty Images (Radius Images/Jean-Christophe Riou), München; **61.5** Getty Images (Cultura/Frank and Helena), München; **62.1** Fotolia.com (Africa Studio), New York; **62.2** shutterstock (demarcomedia), New York, NY; **63.4** Klett-Archiv (Zuckerfabrik digital), Stuttgart; **63.5** Picture-Alliance (dpa), Frankfurt; **65.1** Thinkstock (trevorimages/iStock), München; **68.1** Klett-Archiv (Eberhard Theophel), Stuttgart; **68.2** Klett-Archiv, Stuttgart; **68.3** Klett-Archiv (Dr. Andreas Henseler), Stuttgart; **69.4** Fotolia.com (Gerhard Seybert), New York; **71.3** Fotolia.com (Rob Bouwman), New York; **71.4** shutterstock (Ursa Studio), New York, NY; **73.1** Avenue Images GmbH (GoodMood Photo), Hamburg; **73.2** Avenue Images GmbH (Sergey Skleznev), Hamburg; **73.3** shutterstock (Maridav), New York, NY; **74.1A** Hoechst GmbH, Firmenarchiv, 65926 Frankfurt am Main; **74.1B** Helga Lade Fotoagentur (D. Rose), Frankfurt; **74.1C** f1 online digitale Bildagentur (C. Gray), Frankfurt; **74.1D** Thinkstock (iStockphoto), München; **74.1E** Fotolia.com (m-buehner), New York; **76.2** Getty Images (Universal Images Group), München; **80.1** Corbis (AB Still Ltd/Science Photo), Düsseldorf; **80.2** plainpicture GmbH & Co. KG (Image Source), Hamburg; **81.3** Corbis (Markus Moellenberg), Düsseldorf; **81.4** Corbis (Tomas Rodriguez), Düsseldorf; **83.1** Mauritius Images (fm), Mittenwald; **84.1** Fotolia.com (Sophie James), New York; **87.1** Helga Lade Fotoagentur (E.Bergmann), Frankfurt; **87.2** RW silicium GmbH, Pocking; **87.3** Mauritius Images (Phototake), Mittenwald; **87.4** dreamstime.com (Aleksej Penkov), Brentwood, TN; **90.1** Thinkstock (Hemera), München; **90.2** Picture-Alliance (ZB/Soeren Stache), Frankfurt; **91.4** Imago (Xinhua/Lin Yiguang), Berlin; **92.1** shutterstock (tkachuk), New York, NY; **92.2** Mauritius Images (Alamy), Mittenwald; **94.1; 94.2** akg-images, Berlin; **94.3** BASF Unternehmensarchiv, Ludwigshafen/Rhein; **96.1; 96.2** Peter Wirtz, Fotografie, Dormagen; **97.3** Argus (Hartmut Schwarzbach), Hamburg; **97.4** Getty Images (E+/poba), München; **98.1** VISUM Foto GmbH (Martin Leissl), Hamburg; **98.2** laif (Thomas Ernsting), Köln; **99.3** Picture-Alliance (ZB/Wolfgang Thieme), Frankfurt; **99.4** Thinkstock (iStockphoto), München; **101.1** copyright by BASF, Ludwigshafen/Rhein; **102.1** Fotolia.com (KaYann), New York; **102.2** Corbis (Frank Siteman - Rainbow/Science Faction), Düsseldorf; **104.2** Thinkstock (iStock/ongmember), München; **105.3** Fotolia.com (Africa Studio), New York; **105.4A** Fotolia.com (PhotoSG), New York; **105.4B** dreamstime.com (Ragsac19), Brentwood, TN; **108.1** Okapia (Karl Gottfried Vock), Frankfurt; **112.1** shutterstock (Jultud), New York, NY; **113.3** Thinkstock (iStock/DrejerisLiudas), München; **116.1** Fotolia.com (Visionär), New York; **117.4** Thinkstock (iStock/nameinfame), München; **119.2A** Klett-Archiv, Stuttgart; **119.2B** Klett-Archiv (Zuckerfabrik Digital), Stuttgart

Sollte es in einem Einzelfall nicht gelungen sein, den korrekten Rechteinhaber ausfindig zu machen, so werden berechtigte Ansprüche selbstverständlich im Rahmen der üblichen Regelungen abgegolten.